경상국립대학교 해외지역연구센터
2020 총서

드러나지 않은 유라시아의 민족, 이들의 현재와 미래는?

············

경상국립대학교 해외지역연구센터 2020 총서

드러나지 않은 유라시아의 민족, 이들의 현재와 미래는?

ⓒ권해주·정행자·로브산 이브라기모프·정경택·김보라, 2021

1판 1쇄 인쇄__2021년 02월 20일
1판 1쇄 발행__2021년 02월 28일

지은이__권해주·정행자·로브산 이브라기모프·정경택·김보라
펴낸이__홍정표
펴낸곳__글로벌콘텐츠
　　　　등록__제25100-2008-000024호

공급처__(주)글로벌콘텐츠출판그룹
　　　　대표_홍정표 이사_김미미 편집_문유진 하선연 권군오 이상민 홍명지 기획·마케팅_홍혜진 이종훈 홍민지
　　　　주소__서울특별시 강동구 풍성로 87-6, 201호
　　　　전화__02) 488-3280 팩스__02) 488-3281
　　　　홈페이지__http://www.gcbook.co.kr
　　　　이메일__edit@gcbook.co.kr

값 18,000원
ISBN 979-11-5852-323-7 93060

경상국립대학교 해외지역연구센터
2020 총서

드러나지 않은 유라시아의 민족, 이들의 현재와 미래는?

• • • • • • • • • • • •

권해주, 정행자, 로브샨 이브라기모프, 정경택, 김보라 지음

Kyrgyzstan

Azerbaijan

Armenia

Japan

글로벌콘텐츠

책머리에 ✧

1991년 12월 소비에트연방이 해체된 이후 세계는 안정되고 정치적, 종교적으로 슬기로운 협력이 이어져 평화가 영구적이 될 수 있다고 낙관론을 편 사람들이 대부분이었다.

이에 따라 우리나라에서도 남북통일을 대비하고 동포애로써 북한 주민을 경제적으로 책임지고 이념적, 정치적으로 관용을 펼치며 인간적인 삶을 살 수 있도록 도와주어야 한다고 성급하게 미래를 예측하기도 했다.

그러나 포스트소비에트 독립국들에서의 혼란, 유고연방의 해체와 종교적 차이로 인한 민족청소, 2001년 9.11 사태, 그리고 더 나아가 많은 나라에서의 민족주의적, 자국우선주의라는 강대국의 오만한 정책의 강화로 인한 여타 많은 국가나 소수민족의 탄압 등은 세계를 더욱 혼란스럽게 만들고 있다.

이에 경상국립대학교 해외지역연구센터는 매년 10월 국내외 지역 연구자들이 모여, 각자에게 중요하고 관심 있는 지역에서 나타나고 있는 사태와 상황을 발표하고 토론하는 기회를 가져왔다.

그러나 2020년 코비드 19의 팬데믹 현상으로 잠시 이를 중단하고 그 동안 발표했던 성과 중에서 현재 시의적절한 주제를 가진 내용을 선정하여 총서로 발행하기로 결정했다.

먼저 권해주 교수의 「일본의 아이누어의 현상과 전망」에서는 우리가 단일 민족으로 알고 있던 일본인 외에 북쪽 홋카이도에 거주하는 아이누 족의 언어와 문화를 살펴보고 있다. 이들의 언어와 문화는 일본인의 언어와 문화와는 전혀 공통점이 없는 이질적인 것으로 당연히 일본인들의 차별을 받았고 동화정책을 통해 사라질 수 있다. 그러나 세계적으로 소수민족의 차별 제거와 다양성의 인정, 톨레랑스의 확산으로 일본에서도 아이누어와 문화를 인정하는 일도 조금씩, 천천히 진행되고 있음을 알게 되었다. 또한 러시아에 빼앗겼다고 주장하는 북방 4개 도서의 영유권 주장에도 아이누족의 존재를 이용하려는 의도가 있을 것이다.

이와 관련하여 정행자 교수의 「일본 국립대학법인 오카야마대학교의 글로벌화에 따른 언어문화정책(-일본 오카야마대학교의 "글로벌 디스커버리 프로그램"을 중심으로-)」은 자국중심의 대학 교육과 학문 연구를 넘어서 세계적인 대학을 만들려는 일본 대학의 노력을 오카야마 대학교의 사례를 통해 적절한 대안을 제시하고 있다. 이는 현재 우리대학이 안고 있는 대학입학자원의 부족을 해결할 수도 있는 또 하나의 방법을 찾게 해 줄 것이다.

포스트소비에트 공간은 러시아연방 외 14개 독립국이 탄생한 지역이다. 특히 남캅카스의 아르메니아, 아제르바이잔, 조지아(과거 그루지야) 3국은 우리에게 낯선 지역이다. 이들 3국은 각각 토착주도민족이 중심이 된 민족주의적 국가를 건설하고 토착주도민족어를 국어로 정하고 신속하게 소비에트와 러시아의 영향에서 벗어남과 동시에 세계에 자신의 존재를 알리려 노력해왔다.

이 중에서 로브샨 이브라기모프 교수의 「1948~2018년 아제르바이잔(70년 역사의 중요사건을 조망하며)」에서는 조로아스터교의 발상지이자 노벨 가문의 기반인 바쿠 유전으로 알려진 아제르바이잔의 현대 역사를 소개하며 세계에 자신을 드러내려는 노력을 알기 쉽게 설명하고 있다. 아제르바이잔인은 투르크계 민족으로 역시 언어도 터키어와 비슷하다. 인접 유럽계 민족이자 기독교도인 아르메니아인, 조지아인과는 전혀 다르다.

경상국립대학교 해외지역연구센터 소장인 정경택 교수의 「나고르노-카라바흐의 언어상황 변화」에서는 아제르바이잔과 적대적인 관계에 있는 아르메니아공화국에 대한 내용을 담고 있다. 아르메니아는 소비에트 당시 인위적인 국경설정으로 아르메니아인들이 다수인 나고르노-카라바흐 지역을 아제르바이잔에 빼앗겼지만, 독립 이후 카라바흐 전쟁을 통해 이를 수복했다. 이 나고르노-카라바흐 지역에는 아르메니아인들의 국가인 아르싸흐 공화국이 창건되어 친 러시아 정책을 펴고 있는 아르메니아처럼 러시아어의 교육과 사용이 활발했다.

그러나 2020년 여름 아제르바이잔과의 2차 카라바흐 전쟁에서 패하며 아르싸흐 공화국, 즉 나고르노-카라바흐 지역과 인접 지역을 또 다시 빼앗기게 되었다. 이에 따라 이 지역에서의 러시아어를 비롯한 언어 상황은 극단적으로 바뀔 것으로 보인다.

김보라 교수의 「키르기스어의 표기체계 변화와 어휘에 나타난 러시아어의 영향」에서는 중앙아시아의 작은 나라 키르기스스탄의 언어정책과 상황에 대해 살펴보고 있다. 같은 중앙아시아의 카자흐스탄, 우즈베키스탄과는 달리 정치적, 경제적으로 크지 않은 키르기스스탄은 러시아인과 러시아어의 지위와 영향을 무시할 수 없다. 사실 소비에트 기간 동안 정착 생활을 시작하고 소비에트-러시아식 교육 시스템을 가지고 러시아어가 사실상 공용어의 역할을 하고 있는 이 나라에 대해 언어와 표기체를 통한 연구는 독립국으로서의 정체성을 확립하려는 키르기스스탄에 대해 새롭게 생각할 수 있게 해 주었다.

이렇게 우리와 친숙한 일본 관련 2편, 캅카스 지역 2편, 중앙아시아 지역 1편 등 5편의 연구는 언어, 문화, 교육, 종교를 통해서 각 지역과 나라, 민족을 다시 한번 다른 시각으로 생각할 수 있는 기회를 마련해 주었다.

차례◈

Kyrgyzstan

Azerbaijan

드러나지 않은
유라시아의 민족,
이들의
현재와 미래는?

Armenia

Japan

경상국립대학교
해외지역연구센터
2020 총서

일본의 아이누어의 현상과 전망

권해주(경상국립대학교 일어교육과 교수)

Ⅰ. 들머리

일본열도에는 본토인 혼슈(本州)의 일본인(日本人)을 중심으로 북쪽 홋카이도에는 아이누인(アィヌ人)이, 남쪽 오키나와에는 류큐인(琉球人)이 살아왔다. 근현대에는 더욱 재일한국인·조선인, 결혼이민자, 외국노동자 등의 타민족이 다양하게 이주해서 살고 있다. 글로벌 시대에 일본도 다민족·다문화 사회가 도래했음은 의심의 여지가 없다.

그럼에도 본토의 야마토(大和)의 일본인들이 그러한 타민족을 의식적·무의식적으로 도외시하며 소위 야마토인이라고 하는 일본인 중심의 단일민족·단일문화의 삶의 양식을 추구하며 영위해 온 것은 엄연한 역사적 현실이다.

그러나 근현대 일본의 다문화 사회에서는 다언어·다민족 공생의 중요성이 날로 점증하고 있다. 언어는 그 언어를 사용하는 민족의 사고와 감정을 표현하고 그 민족의 고유한 정체성을 드러내고 있다. 따라서 언어는 각 민족의 전통적인 문화의 소산이기도 한 것이다. 오늘날 다언어·다문화 사회를 맞이한 근현대 일본사회에서는 일본어를 비롯하여 홋카이도 등지의 아이누어(アイヌ語)와 오키나와 등지의 류큐어[1](琉球語)와 그 주위 방언 간의 언어공생을 위하여 고찰의 필요성이 있다.

유네스코에서는 2009년 2월 전 세계에서 6000여개의 언어 중에 2500여개의 언어가 소멸 위기에 처해 있다는 조사결과를 발표했다. 그 중 일본에서는 소수민족의 소멸 위기언어로 아이누어를 비롯하여 류큐어 및 방언 등 8개 언어를 지정하였다[2]. 유네스코에서는 특정 국가의 공통어(표준어)뿐만 아니라 그 지역의 방언도 하나의 독립된 언어로 인정해서 소멸 위기언어로 지정[3]해 왔다.

---

1) 오키나와(沖縄) 전역과 가고시마현(鹿児島県)의 아마미제도(奄美諸島)에서 이루어지는 류큐제도(琉球諸島)에서 행해지고 있는 지역언어에 대해서는, 일본어의 방언이라고 하는 학설과, 일본어와 자매관계에는 있지만 독립된 언어라고 하는 학설이 있다. 多言語化現象研究会(2015), 『多言語社会日本-その現状と課題、石原昌英』三元社, p.237.

2) 소멸 위기언어는 홋카이도(北海道) 등지의 아이누어(アイヌ語), 도쿄도(東京都)의 하치조섬(八丈島)의 하치조어(八丈語), 가고시마켄 아마미제도의 아마미어(奄美語), 오키나와현(沖縄県, 琉球列島)의 구니가미어(国頭語)·오키나와어(沖縄語)·미야코어(宮古語)·야에야마어(八重山語)·요나구니어(与那国語)이다.

본고의 목적은 홋카이도 등지를 중심으로 한 아이누의 언어와 문화 현상과 그 전망을 고찰하는 데 있다. 우선 아이누어의 역사·문화적 배경을 살펴보겠다.

Ⅱ. 본론

1. 아이누의 역사·문화적 배경

아이누[4]의 근현대 역사·문화를 중심으로 간략하게 살펴보면 다음과 같다[5].

https://namu.wiki/w/%EB%A5%98%ED%81%90%EC%96%B4(2021.1.27.)
3) 한국은 유네스코에서 2011년 12월 제주어(방언)을 소멸 위기언어로 지정하였다.
4) '아이누'는 원래 아이누어로 '신들'에 대한 '인간'이라는 의미이고 '민족호칭'이기도 하다.

1869. 07 메이지(明治)정부가 개척사(開拓使)를 설치, 8월 에조지(蝦夷地)를 홋카이도로 개칭

1871. 10 아이누민족의 풍습을 금지하고, 일본어를 배우도록 함

1876. 11 홋카이도 호적이 완성됨

1899. 03 '홋카이도구토인보호법' 공포(公布)

1901. 03 도청(道庁), '구토인아동교육규정' 제정

1905. 09 포츠담조약에 의거 남쪽 사할린이 일본령이 됨

1937. 03 '홋카이도구토인보호법' 개정 공포

1945. 08 일본 패전

1946. 02 '홋카이도아이누협회' 설립

1961. 03 '홋카이도아이누협회'를 '홋카이도우타리(ウタリ)협회'로 명칭 변경6)

1966. 12 유엔 국제인권규약(A·B)을 제정하고 일본은 1979년 비준함7)

1972. 02 삿포로(札幌) 동계올림픽 개최

1982. 05 북방영토·홋카이도의 아이누민족의 선주권 확인

---

5) 榎森進(2007), 「アイヌ民族史関連略年表」『アイヌ民族の歴史』草風館, pp.12~36.

6) 아이누에 대한 차별이 뿌리 깊게 존재하고, '아이누'라고 하는 언어자체가 차별용어로서 기능하고 있었고, 우타리(ウタリ)는 '동포'라는 의미임.

7) 국제인권B규약 제27조 〈소수민족의 보호〉에 '종족적, 종교적 또는 언어적 소수민족이 존재하는 국가에서, 당해 소수민족에 속한 자는, 그 집단의 다른 구성원과 함께 자기 문화를 향유하고, 자기 종교를 신앙하고 실천하며 자기 언어를 사용할 권리를 부정당하지 않는다'라고 적시되어 있음.

1984. 05 '홋카이도우타리협회' 총회에서 '아이누민족에 관한 법률
(안)' 결의

1986. 10 나카소네 야스히로(中曾根康弘) 수상이 일본 '단일민족국가'론
강조

1987. 09 '홋카이도우타리협회'가 유엔 '선주민에 관한 작업부회'에 첫
참석

1994. 07 가야노 시게루(萱野茂)가 아이누민족 최초의 참의원으로 선
출됨

1996. 04 '우타리대책 현황에 관한 유식자 간담회' 보고서

1997. 03 삿포로지방법원이 니부타니(二風谷)댐의 토지강제수용은 위
법하고, 아이누민족을 선주민족으로 인정하는 판결을 함

1997. 05 '아이누문화의 진흥 및 아이누전통 등에 관한 지식의 보급 및
계발에 관한 법률'(일명, 아이누문화진흥법)시행, 구토인보
호법폐지

2007. 09 유엔 총회에서 '선주민족의 권리에 관한 유엔 선언' 채택

2008. 06 일본 국회가 '아이누민족을 선주민족으로 하는 것을 요구하는
결의문'을 채택

2009. 09 아이누 고식(古式)무용이 유네스코의 무형문화 유산으로 지정

2018. 12 러시아는 쿠릴열도 남쪽 4개 섬에 거주하는 아이누민족을 선주
민으로 인정

2019. 04 '아이누인들의 긍지가 존중받는 사회를 실현하기 위한 추진
에 관한 법률'(일명, 아이누신법) 일본 국회를 통과함

2020. 04 홋카이도 시로오이조(白老町)에 '민족공생상징공간' 개관

위와 같이 메이지정부는 러시아의 남하정책에 맞서서 에조지를 지배할 목적으로 1869년에 개척사를 설치하고, 에조지를 홋카이도로 개칭하면서 국방과 교역 및 개발을 중심으로 홋카이도의 개척을 추진해갔다. 박정임은 그 "개척사는 동화정책의 일환으로 아이누민족을 교육하기 위해, 1872년 도쿄에 있는 개척사가 학교 내에 토인교육소를 설치하고 아이누민족을 도쿄로 데려가서 교육하였다. 개척사는 아이누민족을 동화시키는 빠른 방법으로 교육을 선택하였다. 아이누민족을 대상으로 한 최초의 교육시설인 개척사가학교 부속 홋카이도토인교육소(開拓使仮学校付属北海道土人教育所)에서 그들은 일본인이 되기 위한 근대식 교육을 받았다[8]"고 한다. 1871년 아이누민족의 풍습을 금지하고, 아이누어의 말살을 획책하면서 야마토지역을 중심으로 하는 일본어를 배우도록 조치하였다. 1878년 11월 이이누민족의 호칭을 구토인으로 통일시켜 부르게 하였다. 1899년에는 홋카이도구토인보호법을 공포하게 이르렀다. 패전 이후 1946년 홋카이도아이누협회를 설립하고 그 단체는 1961년 다시 홋카이도우타리협회로 변경하여 거듭났다. 1984년에는 그 협회 총회에서 아이누민족에 관한 법률(안)을 결의하고 1987년에 유엔의 선주민에 관한 작업 부회에 처음으로 참석하게 되었다. 1997년

---

8) 박정임(2020), 「홋카이도 개척시대의 아이누 교육정책 고찰」 『인문과학연구』 제65집, 강원대학교 인문과학연구소, p.225.

에 삿포로지방법원이 니부타니댐의 토지 강제수용은 위법하고, 아이누민족을 선주민족으로 인정하는 판결을 하고, 아이누문화의 진흥 및 아이누전통 등에 관한 지식의 보급 및 계발에 관한 법률(일명 아이누문화진흥법)이 시행되고 구토인보호법은 폐지되었다. 2018년에 러시아에서는 쿠릴열도 남단의 4개 섬에 사는 아이누민족을 12월 선주민으로 인정한다고 선언하였다.

일본에서도 그 이듬해인 2019년 4월 19일 아이누인들의 긍지가 존중받는 사회를 실현하기 위한 추진에 관한 법률(일명 아이누신법)이 제정돼 일본에서 그들을 비로소 선주민으로 인정하면서 그들의 언어·문화를 진흥·발전시키는 전기를 마련하게 되었다.

나아가 홋카이도 시로오이조에 2020년 4월 24일 개관한 민족공생상징공간인 '우포포이[9]'의 홈페이지에는 "일본의 귀중한 문화이면서 존립 위기에 처해 있는 아이누 문화의 부흥·발전의 거점이 되는 국립센터이다. 이곳은 일본이 장래를 위해 선주민족의 존엄을 존중하고 차별 없는 다양하고 풍부한 문화를 간직한 활력 넘치는 사회를 구축해가기 위한 상징으로서 정비한 것이다. 풍요로운 자연으로 둘러싸인 포로토 호숫가에서 아이누 문화의 다채로운 매력을 접할 수 있다"[10]고 안내하고

---

9) '우포포이'는 아이누어로 애칭 '(모두 함께) 노래한다는 의미'이다.

10) アイヌ民族文化財団, https://ainu-upopoy.jp/ko/facility/upopoy/.(2021.1.28).

있다.

이상과 같이 근대 메이지정부의 개척사 설치에 의해 아이누민족의 역사와 문화는 야마토지역의 일본인에 의해 식민지로 완전히 전락하여 타민족의 동화정책으로 슬픈 역사를 겪어왔다. 최근에 비로소 2018년 12월 러시아가 쿠릴열도 남방 영토 4개 섬에 사는 아이누민족을 선주민으로 선언함으로써 급기야 일본에서도 그 이듬해인 2019년 4월에 아이누민족을 선주민으로 인정하는 아이누신법을 제정하는 새로운 전기를 마련했다.

2. 아이누의 언어·문화의 현상

아이누민족문화재단에서는 아이누어 사용 지역에 대하여 역사적으로 다음과 같이 기술하고 있다.

아이누어는 옛날부터 일본열도에서 사용된 언어이다. 19세기 전반까지는 사할린섬(サハリン島) 남반부, 지시마열도[11](千島列島), 홋카이도, 혼슈(本州) 북단의 넓은 범위에서 사용되고 있었다. 18세기경까지는 캄차카반도 남단에서도 사용되고 있었고, 고대에는 혼슈 동북지방에서 사용되고 있었던 것이 지명에서도 추정되고 있다. 홋카이도는 아

---

11) 쿠릴열도의 일본명칭.

이누인들의 인구가 가장 많았던 지역으로 에도(江戸)시대까지는 아이
누인의 인구가 다수인 곳이었다. 당시 홋카이도의 주된 언어는 아이누
어였다. 수산자원의 공급지로서 중요했던 홋카이도의 남부, 와타리시
마(渡島)반도에서는 마츠마에번(松前藩)이 있었고, 일본어를 사용하는
상인과 공무원(야마토인)이 홋카이도 각지에서 상업활동을 하고 있었
다[12].

위와 같이 19세기 전반까지 아이누어는 홋카이도를 중심으로 사할린
섬 및 쿠릴열도와 일본 본토의 동북지방에서 광범위하게 사용되고 있었
다. 홋카이도 남단 마츠마에번에서는 본토 일본인에 의하여 일본어를
사용하는 교역인과 마츠마에번의 공무원이 상업 독점권을 가지고 활동
했다.

박정임은 근세 에도막부시대 하에서의 마츠마에번의 비동화 정책과
막부에 의한 두 번의 직할지 정책에 대하여 다음과 같이 기술하고 있다.

마츠마에번에서는 화인(和人, 필자주 일본인)과의 분쟁을 방지하고 에
조지 산업의 독점권을 보존하기 위하여 아이누민족에게 극단적인 비
동화 정책을 추진하였다. 아이누민족과 교역할 때는 마츠마에번의 통
역을 통해서만 교역할 수 있었고, 에조지를 화인지(和人地, 필자주 일본

---

12) 多言語化現象研究会(2015), 『多言語社会日本−その現状と課題, 丹菊逸治』三元社, p.233.

인 거주지)와 에조지로 나누어 화인과 아이누민족이 섞어 살지 못하게 하였다. 게다가 아이누민족에게는 화인어(和人語, 필자주 일본어)를 배우지 못하게 하였다. (중략) / 그러나 에도시대에 아이누민족에게 엄격한 비동화 정책만을 시행한 것은 아니었다. 1850년대 러시아의 남하가 활발해짐에 따라 에조지 지배에 위기감을 느낀 막부에서는 에조지를 두 번 직할하였다. 이 두 번의 막부 직할기에는 아이누민족이 일본어를 배우는 것을 허락하였지만, 짧은 직할기가 지나고 마츠마에번 시대가 오면 다시 금지하였다. 아이누민족에 대한 비동화 정책은 그들 고유의 문화를 유지시킨 것으로 보이지만, 이 경우는 아이누민족을 에조지 안에 고립시켰다고 볼 수도 있다[13]. (후략).

위와 같이 에도막부시대에는 주로 마츠마에번에 의하여 비동화 정책을 극단적으로 추진하면서도 러시아가 부동항을 찾는 남하 정책을 저지하기 위하여 일본 막부가 직할지로 관할하였다[14]. 그 두 번의 막부 직할기에는 오히려 아이누민족이 일본어를 배울 수 있었지만 그 외의 마츠마에번정(松前藩政)시대에는 일본어 사용이 금지되곤 하였다. 아이누민족에 대한 비동화 정책은 그들의 고유한 언어와 문화를 전승·발전시키기 위해서가 아니라 오히려 에조지 안에서 그들을 고립시키고 마츠마에번주(松前藩主)

---

13) 박정임(2020), 앞의 논문, 『인문과학연구』 제65집, 강원대학교 인문과학연구소, pp.226~227.

14) 1차는 1779년~1821년이고, 2차는 1855년~1859년이었다.

의 교역 독점권을 유지하고 세금 징수권을 갖고서 번주의 곳간을 채우기 위해서였다.

아이누어의 기록에 관하여 단기쿠 이츠지(丹菊逸治)는 "아이누어는 원래 문자가 없었기 때문에 오래된 기록은 외부(일본과 러시아 등)의 사람들에 의한 것이었지만, 19세기 이후는 편지와 수기를 쓰기 위해서 로마자, 러시아문자, 가나(かな)문자 등을 이용하게 되었다. 1906년 러시아문자로 기록된 아이누어 사할린방언의 편지가 남아있다. 일본 국내에서는 가나문자에 의해 아이누어 편지가 쓰여 있다"[15] 한다.

이와 같이 아이누어에는 문자가 없으므로 아이누민족 자체적으로는 기록하는 문화는 남아있지 않다. 단지 일본의 가나문자라든지 러시아문자로 기록된 아이누어 사할린방언에 의한 기록이 남아있을 뿐이고, 아직 아이누어는 어족도 밝혀져 있지 않다.

아이누어 교육의 실천 사례는 가야노 시로(萱野志朗)의 제5회 아이누정책검토 시민회의에서 '아이누어 교육의 현상'(2017.6.18.)에 대한 보고가 다음과 같이 있다.

첫 번째는 '아이누어 교실' '아이누어 초급강좌' 등으로 실천해 왔다. 두 번째는 '비라토리조(平取町) 니부타니(二風谷)소학교에서의 아이누교

---

15) 多言語化現象研究会(2015), 前掲書, pp.234~235.

육' 등이 충실히 이루어지기도 했다. 비라토리조리츠(平取町立) 니부타니 아이누문화박물관 학예원보로 근무하고 있는 세키네 겐지(関根建司)를 강사로 하여 종합학습의 시간을 이용하여 1년에 10콤마[16]의 시간을 할당하여 아이누어를 학습하게 했다. 세키네 겐지는 마오리어(マオリ語)가 공용어의 하나로서 사용되는 것에서 자극을 받아 마오리어의 부흥을 위하여 마오리 사람들이 사용한 방법 '데·아타아란기법'(テ·アタアランギ法)을 아이누어에 응용하기도 하였다. 그 외 니부타니소학교에서는 '하라라키활동'(ハララキ活動)이라고 하는 아이누에 관한 여러 가지 학습도 하고 있는 것이다. 세 번째는 STV라디오에서 방송되고 있는 '아이누어 라디오강좌', '이란카랍테 아이누어강좌'(イランカラプテ[17]アイヌ語講座, 1987~) 등이 있다. 네 번째는 '어버이와 아이의 아이누어 학습' 사업이 있고, 다섯 번째 구승문예의 '구승자 육성'(語り部育成) 사업이 있으며, 여섯 번째는 아이누어 지도자를 양성하기 위한 '상급강좌' 등이 있다. 위에서 세 번째부터 여섯 번째의 네 가지 사업은 공익재단법인 아이누문화진흥·연구추진기구의 사업이기도 하다[18].

위와 같이 아이누어의 교육을 위하여 각종 '아이누어 교실'을 비롯하여 아이누문화진흥·연구추진기구 등에서 다양한 이론의 적용 및 실천

---

16) 1콤마는 90분임.

17) 「안녕하세요」(こんにちは)라는 아이누어의 의미.

18) 萱野志朗, 「アイヌ語の復興」 https://ainupolicy.jimdo.com/(2019.5.15), pp.1~10.

이 실제 이루어지고 있다.

권혁태는 "일본의 소수민족들이 소위 일본의 단일민족 국가의 환상을 깨기 위한 '류큐독립당'을 1970년 결성하고, '아이누민족당'을 2012년 결성하여 일본 본토의 차별과 동화의 압력 속에서 살아나온 일본 소수민족들의 정치·사회 결사체들의 활동에 대한 기대와 '아메리카 인디언처럼 커밍아웃'의 계기가 이제 본격적으로 일어나는가는 주목해 보아야 할 것이다"[19]라고 했다. 이러한 현상은 현재 오키나와를 중심으로 하는 류큐어[20]를 사용하는 지역에서도 더욱 격렬하게 일어나고 있는 현상이기도 하다.

일본은 아이누민족과 류큐(오키나와)민족의 분리 독립의 주장에도 불구하고 근세 에도막부(幕府) 말기와 메이지정부를 비롯하여 근현대에 이르기까지 정치·외교와 사회·문화적으로 단일언어·단일민족·단일문화 국가임을 줄기차게 국내외에 천명해 왔다. 그 대표적인 주장은 1986년

---

19) 권혁태, 한겨레21, 제917호, 「또 하나의 일본 2 - 나는 아이누다!」(2012.06.29).

20) 언어학사에서 언어계승이 단절되는 원인은 여러 가지가 있겠지만 그 중 하나는 위신언어에 의한 언어지배이다. 예를 들면 오키나와에서는 17세기 전반에 사츠마(薩摩)에 지배당한 것에 의해 일본어가 침투되었고, 류큐왕조가 사라짐으로써 일본 속에서 하나의 현(県)으로 편입되어 그 때 점차 일본어교육이 행해져 어느 단계에서는 완전한 표준어교육으로 들어갔다. 그래서 강제적으로 류큐열도의 언어를 금지시키게 되고, 표준어만을 사용한다는 것이 학교교육으로서 실시되었다. 한국을 식민지화하였을 때 공민화 교육으로서 일본어를 가르친 것도 같은 것으로 보고 있다. 田窪行則「琉球諸語研究の現在-消滅危機言語と向かい合う-」立教大学異文化コミュニケーション研究科, 2015 年度講演会(2015.12.19).

10월 나카소네 야스히로(中曾根康弘) 수상과 최근 2020년 1월 아소 다로(麻生太郎) 부총리의 일본 단일 민족국가의 표명이다.

그러나 일본은 다언어·다민족·다문화 국가임은 분명한 사실이다. 아이누민족과 류큐민족의 언어·문화는 일본 본토의 일본인에 의해 강제적으로 말살되고 동화되어갔다. 그러한 과정에서 일본인에 의해서 억압적으로 저질러졌던 소수민족인 아이누민족과 류큐민족 등에 대한 민족적 차별 의식과 그 당시의 언어적 차별에 의해 그들은 제대로 언어적 권리를 갖지 못했다. 오늘날 그러한 일본의 사회·문화적 여건에서 홋카이도 등지의 아이누어를 비롯하여 오키나와 등지의 류큐어 모어화자(母語話者)는 급격히 감소할 수밖에 없었다.

반면 일본에서는 1990년대 선주민(先住民)에 대한 권리를 인정하는 세계적 조류에 힘입어 아이누민족과 아이누어의 언어적 권리를 찾는 움직임이 서서히 일기 시작하였다. 유엔에서 1993년을 '세계 선주민의 해'로 지정한 것은 선주민과 그들의 권리에 대한 의식 제고에 일조함으로써 일본에서도 1997년 아이누문화진흥법이 결실을 맞이하게 됐다. 2007년에는 유엔이 '선주민족 권리 선언'을 함으로써 일본의 국회에서도 그 이듬해 '아이누민족을 선주민족으로 정하는 것을 요구하는 결의문'을 채택하기도 하였다.

기베 노부코(木部暢子)는 "일본 국립국어연구소에서 2014년부터 매년 지역과 문화청과 협력해서 '일본의 소멸 위기언어·방언 서밋'을 개최했다. 유네스코 리스트에 게재된 8개 언어·방언의 기록과 계승에 관계하는 자가 한자리에 모여서 각지의 실천 보고를 하고 활동의 향상을 위한 회의를 개최"21)해서 일본의 각 분야에서 소멸 위기언어의 계승과 보존에 힘쓰고 있다.

한편 러시아는 2018년 12월 블라디미르 푸틴 대통령이 쿠릴열도 남부 4개 섬에 거주하는 아이누족을 러시아의 원주민으로 인정하였다. 이에 대하여 일본 정부도 러일 간의 북방 영토 분쟁지구 4개 섬은 다음과 같이 구나시리섬(国後島), 하보마이군도(歯舞群島), 시코탄섬(色丹島), 에토로후섬(択捉島) 지역을 아이누민족의 선주민으로 인정한다고 선언하였다. 일본이 제2차 세계대전에서 패전한 이후 그 섬들은 러시아가 현재 실효 지배하고 있다. 일본이 이 지역 아이누민족을 선주민으로 인정하는 것은 역사적으로 일본 고유의 영토라고 주장하기 위한 하나의 전략은 아닌가 한다.

---

21) 木部暢子, 「日本の消滅危機言語·方言の記録とドキュメンテーションの作成」 https://www.
ninjal.ac.jp/research/project-3/institut/endangered-languages/(2019.5.15).

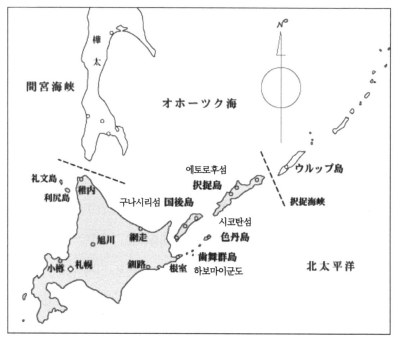

일본 외무성 홈페이지
https://www.mofa.go.jp/mofaj/area/hoppo/hoppo.html(2021.1.31)

　위와 같이 일본 정부는 다양화 사회를 위한 다언어·다문화 공생 사회를 위해서라기보다는 러시아와의 정치·외교적 상황에 의거 우선 홋카이도 등지의 아이누족을 선주민족으로 인정한 것은 아닌가 한다. 그동안 일본 정부가 역사적으로 아이누민족을 차별하고 일본의 주류사회에서 배제해 왔지만, 북방 4개 섬의 영토를 러시아로부터 반환하기 위해서는 그 섬에 거주하고 있는 아이누족을 우선 '일본의 선주민'으로 공식 인정하는 것이 더욱 설득력이 있고 또한 각 나라의 주장에 역사적·문화적 근거를 마련하기 위한 장치일 것이다. 무엇보다도 러일간의 쿠릴열도 4개 섬의 영토분쟁에서 아이누민족끼리의 언어와 문화의 동질성과 정체성을 회복하는 방향으로 동북아시아뿐만 아니라 국제사회가 관심을 가지게 될 것이다.

더욱 일본에서는 '아이누인들의 긍지가 존중받는 사회를 실현하기 위한 추진에 관한 법률'(일명 아이누신법)이 2019년 4월 19일 국회를 통과하여 성립되었다. 이 법안에는 일본에서 그동안 아이누인을 선주민족으로 인정하지 않았던 현실을 '선주민족인 아이누 사람들'이라고 명기한 획기적인 입법임에는 의심의 여지가 없다. 현재 일본에서는 소수민족 정책의 전환기를 맞이하여 비로소 다언어·다민족·다문화 정책의 전환기에 접어들었다고 할 수 있다.

이에 대해서도 히가시무라 다케시(東村岳史)는 아이누인의 권리회복과 존엄을 지켜가는 데는 아이누신법이 아직 미흡하다고 다음과 같이 기술하고 있다.

현재 일본에서 「아이누신법」이 법제화되었지만 아이누인은 선주민족으로서의 실질적인 권리보장은 아무것도 없다고 강하게 불만을 토로하는 실정이다. 일본 정부는 선주민족의 정의가 명확하지도 않을 뿐만 아니라 여러 외국에서 선주민족에 대해서 행해지고 있는 시책이 일본의 문맥에 맞지 않는다는 이유로 유엔의 선언을 일본에 그대로 적용하지 않고 '일본형'(日本型) 선주민족 시책을 전개한다고 아이누인은 주장하고 있다. 선주민족의 권리 중에는 집단적 권리 특히 '자기결정권'과 '토지'에 관한 부분이 무엇보다 중요하지만 일본 정부는 그것을 인정할 마음이 전혀 없다는 것이다. 더욱 과거 홋카이도 식민지 정책에 대한 반성과 그 과정에서 아이누민족에게 강제로 시행함으로써 아이누민족이 겪었던 고난에 대한 '사죄'의 말도 없다[22].

위와 같이 유엔 선언과는 달리 일본정부는 아이누민족에 대한 실질적인 권리보장은 없고, 불완전한 '일본형' 선주민족의 시책이며, 과거 홋카이도 식민지 지배에 대한 냉철한 반성과 사죄가 없다고 지적하고 있다.

이상과 같이 아이누민족은 홋카이도를 비롯하여 일본 동북 북단과 사할린섬과 쿠릴열도에서 삶의 터전을 갖고 고유한 아이누어를 사용해왔다. 일본에도 시대는 막부가 두 번 직할한 시기를 제외하고는 아이누어를 사용해왔지만 메이지시대 개척사가 설치된 이후부터는 본토 일본인의 동화정책에 의해 아이누어 사용이 급감했다. 1997년 아이누문화진흥법의 시행과 2008년 일본 국회가 아이누민족을 선주민족으로 하는 것을 요구하는 결의문을 채택했다. 유네스코가 2009년 아이누어를 소

---

22) 東村岳史, 「いま、なぜアイヌ新法 なのか : 日本型 先住民族政策の行方」(2019.4.1.) nippon. com (검색일:2019.5.15).

멸 위기언어로 지정함으로써 아이누어의 재생과 부흥에 민관이 함께 힘써 나가고 있는 현실이다. 2019년에 일본 국회가 아이누신법을 통과시킴으로써 아이누민족을 선주민으로 인정하게 됐다. 오늘날 소수민족의 언어인 아이누어 등에 대한 일본 내외의 변화의 물결은 일본의 내발적(內發的) 요인보다는 유엔 및 러시아 등에 의한 외발적(外發的) 요인에 의해서 이뤄져 왔고 앞으로 더욱 그 귀추가 주목된다고 하겠다.

3. 아이누의 언어·문화의 전망

에하라 다케카즈(江原武一)는 "당연하게도 한 나라의 국적 안에는 복수의 문화적 요인(민족·언어·종교 등)을 갖는 인간집단이 있기에 국적 숫자를 넘는 '다문화'가 일본사회에 존재하게 됐다. 이러한 '다문화' 상황의 진행과, 그것에 대응하는 여러 가지 조치가 민관 쌍방의 레벨에서 인식하기 시작하고 있는 상태를 일본사회의 '다문화화'(多文化化)라고 인식"23)하는 점에 주목하고 싶다.

그럼 일본의 현대 사회에서 다문화화·다언어화 하는 차원에서 아이누의 언어와 문화의 전망은 어떠한가.

가야노 시로(萱野志朗)는 제5회 아이누정책검토 시민회의에서 '아이누

---

23) 江原武一(2002), 『多文化教育の国際比較-エスニシティへの教育の対応』 玉川大学出版部, p.209.

어의 부흥'(2017.6.18.)의 실천 사례를 소개하고 있다. 그 내용에는 '아이누어를 공교육으로 배우기 위해서' '아이누어 공용어법을 책정하기 위해서' 등으로 다양하게 짜여 있고, 아이누어의 재생과 부흥에 대하여 다음과 같이 자세히 언급했다.

'아이누어를 공교육으로 배우기 위해서' 유엔은 '어린이의 권리조약'을 1989년에 채택하고 1990년에 발효시켰다. 일본 정부는 4년 후 1994년 그 조약을 비준했다. 또한 유엔은 '시민적 및 정치적 권리에 관한 국제규약(B규약)'을 1966년 채택해서 1976년 발효시켰다. 일본 정부는 3년 후 1979년 그 국제규약을 비준했다. 유엔은 '선주민족의 권리에 관한 국제연합선언'(2007.9.13)을 채택했다. 선주민족과 그 개인에 관한 권리 규정은 제13조 '역사·언어·구승전통 등'과 제14조 '교육의 권리'에 잘 규정되어 있다. / '아이누어 공용어법을 책정하기 위해서' 일본은 '아이누어 공용어법'이라고 하는 법률을 제정해서 아이누어를 일본어와 같이 사용하자는 주장을 하고, 아이누민족으로서의 개념 등을 규정하는 '아이누민족법'과 '아이누민족자립화 기금'의 창설과 '홋카이도 구토인 보호법'(1899년 제정, 1997년 폐지)에 의거 1가구당 1만 5천 평 이내를 하사하자는 주장과 '아이누에게 자치권'을 줘야 한다는 주장이 제기되기도 했다[24].

---

24) 萱野志朗, 「アイヌ語の復興」, https://ainupolicy.jimdo.com/(2019.5.15), pp. 1~10.

위와 같이 아이누의 언어와 문화 교육에 여러 가지 국제조약과 규약 등이 비준되고 실천되는 사례는 특히 의미 있어 보인다. 아이누어 등을 공용어법으로 책정해서 일본에서 일본어를 비롯하여 적어도 아이누어와 류큐어 등이 그 지역에서 '언어 간 공생'25)과 '언어 내 공생'26)이 이루어져야 한다. 장래 일본 사회가 다언어·다문화 공생 사회가 되기 위해서는 '연동하는 언어 간 공생과 언어 내 공생'27)이 이루어지는 것을 지향해 나가야 할 것이다.

그런데 아이누민족은 메이지기 이후 일본 정부의 동화정책에 의한 민족 절멸 정책에 대한 역사적 '반성과 사죄'가 전혀 없고, 정치적 '민족자결권' 보장이 없을 뿐만 아니라 선조 대대로 내려온 '토지'와 자연자원에 대한 자신들의 '생업'에 대한 보장이 전혀 없다28)고 강하게 반발하고

---

25) 복수의 다른 언어 간의 공생(예를 들면 일본어, 아이누어, 류큐어, 한국어, 중국어 등 간의 언어공생).

26) 모어화자뿐 아니라 비모어화자에게도 커뮤니케이션의 수단으로써 사용되도록 하는 언어를 공생언어라고 부른다. 細川英雄 외 저, 한국일어교육학회 역(2012), 『언어와 문화를 잇는 일본어교육』시사일본어사, p.97.

27) 언어 간 공생을 위해서는 복수 언어에서의 언어 내 공생이 반드시 필요함. 細川英雄 외 저, 한국일어교육학회 역(2012), 위의 책, 시사일본어사, p.97.

28) 杉田聡, 『朝日新聞』「論座 : アイヌ新法はアイヌの先住権を葬る欠陥法」. https://webronza. asahi.com/culture/articles/2019041700006.html?paging=all(2019.10.12.), 아이누문화진흥법을 극복한 진정한 아이누신법으로 만들기 위해서 요구되는 것은, 선주민족 아이누에 대한 선주권의 보장이다. 선주권이란 약간 불명확한 용어지만, 물론 선주하는 권리가 아니라, 선주민족이 갖는 권리를 의미한다. 그것은 일반적으로 (1) 선주민이 거주하고 있

있는 상황이기도 하다.

　그렇지만 일본은 국가적으로 '21세기 일본의 구상' 간담회(2000.1.18)
에서 천명했듯이 "글로벌화나 정보화의 조류 속에서 다양성이 기본이
되는 21세기에는 일본인이 개(個)를 확립하고 확실한 개성을 지닐 것을
대전제로 하고 있다."[29] 이 간담회에서는 국가와 민족 차원에서 개인
차원에로의 관점에서 대전환의 필요성을 강조한 것이다. 이때 여기에서
요구되고 있는 개성은 무엇보다도 자유롭게 자기책임 하에서 행동하고
자립하여 스스로를 지지하는 개(個)라고 지적한 것처럼 개체로서의 사
회·문화를 지향하고, 인권의 일부이지만 개인의 언어적 권리인 언어권
을 보장해 줌으로써 상호 공생 및 공존의 세계를 구축해 가는 첫걸음이
된다는 것이다.

　오늘날과 같은 다언어·다문화 공생 사회에서의 제2언어교육은 '개체
로서의 문화' 적 방향으로 나아가고 있다. 이 개념은 1990년대 후반부터

던 토지에 대한 소유권, (2) 영역의 자연에 대한 관리권, (3) 영역에 있어서 각종 자연자원의
입수권을 가리킨다. 때론 이것에, (4) 정치적 자치권이 추가되는 것도 있다.

29) 김채수 역, 河合隼雄 감수(2001), 『일본의 프론티어는 일본 안에 있다』 보고사, p.39. 이 보고서는
오부치 게이조(小淵恵三) 수상의 위탁으로 10개월에 걸친 집중적인 논의 결과에서 나온 것
이다. 이것은 다음 세기를 향한 일본의 과제와 방책을 중장기적 관점에서 정리하여 광범위하
게 국민의 논의에 이바지해 보려는 뜻에서 의도된 것이다. 1999년 3월 30일 오부치 게이조
수상 아래 가와이 하야오(河合隼雄) 국제일본문화연구센터 소장을 의장으로 하는 민간인 16
인에 의해 출범되었고, 2차 간담회 회합을 거쳐, 5월 27일에는 새로이 민간인 33명을 추가하
여 5개 분과회가 구성되었다.(서문)

생겨난 흐름이다. 개개인이 문화 개념을 형성하는 데 있어서는 다양한 상호작용이 있을 수 있다. 그 근거로 문화의 이산성(離散性)30)·문화의 다원성(多元性)31)·문화의 관념성(觀念性)32) 3가지를 들고 있다. 다시 말해 그것은 개인의 상상 속의 일본문화라고 할 때 그 '확정성'에 의심이 가지 않을 수 없고, 글로벌시대는 문화 그 자체를 '탈영역화'하는 경향을 배제할 수 없으며, 문화를 개개인의 '인식'에 두고 있기 때문인 것이다.

이상과 같이 '21세기 일본의 구상' 간담회에서 '개(個)의 확립'을 국가적 과제 및 방향으로 설정하고 있고, 현대의 제2언어교육은 '개체'로서의 문화교육을 지향하고 있을 뿐만 아니라 미래의 향방이기도 하다. 그 간담회로부터 20년이 경과한 2019년 4월 19일 아이누를 명확하게 '선주민족'이라 명기한 '아이누신법'이 성립된 것은 당연한 귀결이겠지만 민족 권리라고 하는 의미에서 한층 진전한 것이라 하지 않을 수 없다. 이

---

30) 사사키 도모코(佐々木倫子)는 개인들이 이동하고 국경을 넘나드는 이산성의 방향이 많은 사람에게 인식되는 시대이기에 개인의 '자국문화' 혹은 '일본문화'를 말할 때 그것이 얼마나 확정성을 갖고 있을지 의문이다. 細川英雄 외 저, 한국일어교육학회 역(2012), 앞의 책, 시사일본어사, p.352.

31) "오늘날의 글로벌화는 유통하는 정보와 이동하는 사람들은 물론, 문화 그 자체를 탈영역화하는 경향을 내재하고 있다." 細川英雄 외 저, 한국일어교육학회 역(2012), 앞의 책, 시사일본어사, pp.352~353.

32) '문화'를 개개인의 '인식·해석'에 두는 견해이다. '안쪽으로부터의 문화'라고도 규정하고, 커뮤니케이션에 있어 개인의 장면 인식 태도가 '문화'라고 했다. 거기에는 문화를 객관적인 실체가 아닌 개인의 인식에서 요구하는 자세로 볼 수 있다. 細川英雄 외 저, 한국일어교육학회 역(2012), 앞의 책, 시사일본어사. p.353.

것은 일본에서 그동안 단일언어·단일민족의 획일성 사회에서 다언어·다민족으로 전환하는 다양성의 공생 사회를 이뤄가는 초석이 될 것이다. 주류어인 일본어만이 아니라 소수어인 아이누어 등을 비롯하여 다양한 언어를 습득하여 과거 '동화' 교육에서 '민족' 교육을 넘어 '개체' 교육으로 전환하는 21세기 일본의 공생사회를 전망해 본다.

Ⅲ. 마무리

본고에서는 일본 속의 소수민족인 아이누인에게 이제까지 언어·문화의 정체성을 도외시하고 단지 '상상의 공동체33)'를 제시하려는 일본인론 및 일본문화론과 근현대 물질문명에 기반을 둔 '사회진화론34)'을 극복하여 21세기에 생명에 기반을 둔 상호 주체적 다언어·다문화 공생 사회의 실현을 살펴보았다.

아이누민족 등은 야마토를 중심으로 한 본토 일본민족에 의해서 오랫동안 타민족의 지배와 억압을 받아왔다. '아이누문화진흥법'(1997년 5월)

---

33) 베네딕트 앤더슨 저, 윤형숙 역(2002), 『상상의 공동체 - 민족주의의 기원과 전파에 대한 성찰』 나남출판, p.7, 98 참조.
34) 이선주(2015), 「근대 저널에서 본 허버트 스펜서의 사회진화론」 『영어영문학 연구』 57(4), 한국중앙영어영문학회, p.347 참조.

에서 더욱 개선된 '선주민족'으로 처음 명기된 '아이누신법'(2019년 4월)이 공포됨으로써 그동안의 민족적 핍박과 억압의 사슬에서 민족적 전통과 존엄을 회복하는 전기가 마련되기도 하였다.

그럼에도 불구하고 아이누민족은 아직 일본정부의 역사적 반성 및 사죄가 없다는 점, 아이누민족의 옛 조상 대대의 토지 소유권, 자연 자원의 관리권 및 입수권 즉 생업의 문제, 정치적 민족자결권 등의 권리 구현은 요원하다고 하며 앞으로 계속 해결해 나가야 한다고 주장하고 있다.

한편 앞으로 각 소수민족의 귀향 등의 커밍아웃이 서서히 일어날지에 대해서는 주목해 볼 필요성이 있다. 중심언어인 일본어뿐만이 아니라 주변 언어인 아이누어 등을 비롯하여 다양한 언어를 통하여 언어복지를 확충시키고 언어차별을 없애가야 할 것이다. 일본열도에서 각 민족의 언어권(言語權)을 자유롭게 향유할 수 있도록 과거 식민지의 '동화' 교육에서 '민족' 교육을 넘어 더욱 '개체' 교육으로 전환하는 21세기 일본의 다언어·다문화 공생사회를 전망해 본 것이다.

참고문헌

권혁태, 한겨레 21, 제917호, 「또 하나의 일본 2 - 나는 아이누다!」(2012.06.29.)

김채수 역, 河合隼雄 감수(2001), 『일본의 프론티어는 일본 안에 있다』 보고사, p. 39.

박정임(2020), 「홋카이도 개척시대의 아이누 교육정책 고찰」 『인문과학연구』 제65집, 강원대학교 인문과학연구소, p.225~227.

베네딕트 앤더슨 저, 윤형숙 역(2002), 『상상의 공동체 - 민족주의의 기원과 전파에 대한 성찰』 나남출판, p.7, 98.

이선주(2015), 「근대 저널에서 본 허버트 스펜서의 사회진화론」 『영어영문학 연구』 57(4), 한국중앙영어영문학회, p.347.

細川英雄 외 저, 한국일어교육학회 역(2012), 『언어와 문화를 잇는 일본어교육』 「일본어교육에서 중시되는 문화개념」 (佐々木倫子) 시사일본어사, p.97, pp.352~353.

アイヌ民族文化財団, https://ainu-upopoy.jp/ko/facility/upopoy/(2021.1.28.)

江原武一(2002), 『多文化教育の国際比較-エスニシティへの教育の対応』玉川大学出版部, p.209.

榎森進(2007), 「アイヌ民族史関連略年表」 『アイヌ民族の歴史』 草風舘, pp.12~36.

遠藤匡俊(2002), 「根室場所におけるアイヌの命名規則と幕府の同化政策」 『歴史地理学』 44-1(207), pp.48~59.

萱野志朗,「アイヌ語の復興」https://ainupolicy.jimdo.com/참조, pp.1~10.

木部暢子,「日本の消滅危機言語・方言の記録とドキュメンテーションの作成」https://www.ninjal.ac.jp/research/project-3/institut/endangered-languages/(2019.5.15).

杉田聡,『朝日新聞』「論座：「アイヌ新法」はアイヌの先住権を葬る欠陥法」https://webronza.asahi.com/culture/articles/2019041700006.html?paging=all(2019.10.12.)

田窪行則,「琉球諸語研究の現在-消滅危機言語と向かい合う-」立教大学異文化コミュニケーション研究科, 2015年度講演会 2015.12.19.

多言語化現象研究会(2015),『多言語社会日本-その現状と課題、丹菊逸治』三元社, pp.233~235, p.237.

東村岳史,「いま、なぜ「アイヌ新法」なのか：「日本型」先住民族政策の行方」(2019.4.1.) nippon.com (검색일:2019.5.15.)

경상국립대학교
해외지역연구센터
2020 총서

글로벌화에 따른 언어문화정책

- 일본 오카야마대학교의 "글로벌 디스커버리 프로그램"을 중심으로 -1)

정행자(일본 국립대학법인 오카야마대학교 교수)

1. 들어가기

일본에도 영어로 학습이 가능한 고등교육기관이 늘어나고 있다. 이는
언어문화정책의 전환의 일환이라고 생각할 수 있다. 일본 국립대학협회
는 2017년 11월 당시, 영어로만 학점을 이수한 학생에게 학위를 수여
한 학부, 연구과, 프로그램 등이 일본국립대학만 586개가 있다고 한다.
하지만 대부분 박사나 석사 과정이고 학사 과정은 38개 밖에 없었다. 더
욱이 문과 계열은 11군데 밖에 없었다. 이러한 맥락에서 보자면, 글로벌

---

1) 본고는 관서학원대학의 이수경 씨에게 많은 조언을 받았다. 이 자리를 빌어 감사의 마음을 표
하고자 한다.

디스커버리 프로그램은 귀중한 11개 과정 중 하나다.

이 시점에서, 필자는 영어로 리버럴아츠에 가까운 커리큘럼을 제공하고자 하는 오카야마대학의 "글로벌 디스커버리 프로그램"이라는 4년제 학사 프로그램의 설립 준비부터 현재까지 일을 해 오면서 일본 언어문화정책 전환기의 성과와 문제점을 검토하고자 한다.

2. 오카야마대학의 글로벌 디스커버리 프로그램

일본에서 태어난 필자는 1992년에 미국으로 가서, 2015년 오카야마대학의 "글로벌 디스커버리 프로그램" 설립 준비로 일본에 돌아왔다. 23년간 미국 대학에 적을 두고 있다가 일본에 돌아온 이유 중 하나가, "대학에서 좀 더 저렴한 경비로 비판적 사고(Critical Thinking)를 바탕으로 한 교육을 실시할 수 있는 기회를 오카야마대학에서 만들 수 있을 것 같다"는 생각이 들었기 때문이다.

일본과 미국의 대학교에서는 참신한 교육 개혁이 실시되고 있으나, 여러 과제와 문제에 부딪혀 왔다. 예를 들면, 미국 대학교의 막대한 학비도 그 중 하나다. 게다가, 기존의 대학(학부) 구조 안에서 교원 한 사람이 개혁할 수 있는 내용에도 한계를 느꼈으며 시스템과 조직의 습관이나 습성을 바꾸는 일은 용이하지 않다는 것을 너무나 뼈저리게 느꼈다.

그러던 중 "글로벌 디스커버리 프로그램"이라면 토대를 만드는 작업부터 필자 자신이 직접 관여할 수 있을 거라고 생각했다. 즉, 과제들을 사전에 예측하고 초기 단계부터 과거의 경험을 살려 조직과 시스템을 만들어 갈 수 있지 않을까 하는 점에 큰 매력을 느껴 일본의 교육 개혁에 참여하고자 돌아온 것이다.

오카야마대학교는 일본 문부과학성의 슈퍼 글로벌 대학창생(大学創生) 지원사업에 채택되어[2], 영어와 일어, 혹은 영어만을 사용하여 대학 과정을 마칠 수 있다. 학술 학사 자격을 취득할 수 있는 "글로벌 디스커버리 프로그램"에 2017년 10월 제1기생이 입학했다. 다른 학부의 과목도 일본어로 이수할 수 있는 "글로벌 디스커버리 프로그램"이지만 공통 언어는 영어다. 국립대학교의 수업료(연 535,800엔[3])로 미국의 리버럴아츠를 모델로 한 교육을 받을 수 있다.

"글로벌 디스커버리 프로그램"은 하나의 대학(학부)이 아닌 대학교 전체에 관여된 프로그램이기 때문에 학생의 흥미와 일본어 등, 각자의 능력에 맞추어 학부, 학과를 가로지르며 배우는 것이 가능하게 되어 있다. 기존의 대학(학부)에는 필수 과목이 상당수 있으나 "글로벌 디스커버리 프로그램"은 필수 과목을 되도록 최소화하고 학생 스스로가 어떤

---

2) http://www.okayama-momo.jp/shisetsu/shisetsu_12.html.
3) https://tgu.mext.go.jp/universities/okayama-u/index.html.

내용을 배우고 싶은지 생각하여 실천할 수 있도록 커리큘럼을 연구해왔다. 다시 말해 입학 당초부터 "나는 대학교에서 무엇을 배우고 싶은가"라는 "질문을 설정"하는 작업부터 시작된다.

다만 신입생에게 갑자기 스스로 생각하여 결정하라고 방치한다면 당혹스러운 학생도 있을 것으로 예측되므로, 입학 전부터 Moodle이라는 온라인 플랫폼을 사용하여, 거기에서 나타나는 학생의 적성과 흥미에 맞춰 학생 개개인에게 "아카데믹 어드바이저"를 배치하고 과목 이수의 상담을 받게 한다.

"글로벌 디스커버리 프로그램"은 한 학년에 약 60명(가을 입학생, 봄 입학생 약 30명씩)이며 4학년까지 약 240명의 정원으로 구성되는 프로그램이다. 미국 대학이나 일본 사립대학에 비하면 비교적 저렴한 학비에 여러 의미로서의 다양성을 지향하고 있는 점도 특색이라 할 수 있다. 2017년 10월, 제1기 입학생 정원은 30명이었으나 일본이나 한국을 포함한 20개국에서 응모해 왔다. 입시 결과, 아시아, 아프리카, 유럽, 아메리카 대륙에서 응모가 들어온 16개국에서 및 일본 국적자 및 한국 국적자를 포함한 31명의 학생을 맞이하게 되었다. 2021년 현재에는 30여 개국에 루트가 있는 학생들이 모여 있다. 제1기에 입학해서 과학을 공부했던 한국 학생은 2019년부터 한국의 병역 의무로 휴학중이지만, 매년 한국들이 학생이 입학하고 있다.

디스커버리는 수험생을 선발하기 위해서는 AO(Admissions Office) 입시라는 특성상, 독자성이 높은 시험을 실시하고 있다. 그중의 하나인 디스커버리 입시라 불리는 일본 국내 응모자를 중심으로 상정한 또 하나의 AO(Admissions Office) 입시는 2017년 가을에 30명 정원으로 실시되었다. 2018년 4월 입학자들이다. "국제 입시"는 영어로 된 응모 서류를 토대로 제1서류심사를 통과한 수험자는 제2입시에서 면접을 보게 된다. "국제 입시"라 해도 국적과 관계없이 영어로 응모 서류를 준비하고 영어 면접을 볼 수 있다면 수험할 수 있다. 입시의 자세한 내용은 본 대학의 영어 혹은 일어 홈페이지 등의 자료를 참조해주길 바란다.4)

일본 대학은 지금까지 국적 조항을 만들어 일본 국적을 가지고 있으면 국제 학생으로 수험이 불가능한 대학도 많았으나 외국에서 오랫동안 생활하여 일본 국적이면서도 일본어보다 영어가 더 익숙한 학생들뿐만 아니라 이중 국적, 삼중 국적의 학생들도 글로벌 디스커버리 프로그램에 입학하여 면학에 힘쓰고 있다. 이는 필자 자신이 여러 상황에서 국적 조항 문제를 경험했기 때문에 간과할 수 없는 조건이었다. 또한, 일본 국외에 있는 수험생들이 30분의 면접을 위해 일부러 오카야마대학에 오지 않아도 될 수 있도록 온라인 면접을 제안하여 실현되었다. 수험료 지불도 신용카드를 쓸 수 있도록 시스템을 만들었다. 필자가 오기 전의 일이

---

4) http://discovery.okayama-u.ac.jp/jp/admissions/how_to_apply/discovery-application/.

기는 하지만, 이 프로그램이 이런 시스템도 없는 상태에서 문부과학성의 슈퍼 글로벌 대학창생(大学創生) 지원사업에 채택되었다는 사실이 믿기지 않았다. 이와 같은 예를 보더라도 글로벌화라는 언어문화정책에 맞도록, 지금까지 없었던 시스템 구축을 오카야마대학이 실천했으며, 이는 "글로벌 디스커버리 프로그램"이 좋은 전망을 가지고 스타트를 끊게 된 요인 중의 하나다. 필자가 생각했던 많은 제안은 대학교 이사에게 직접 의논했다. 대학의 이사가 필자와 같은, 일본에서 태어난 한국이 아니었더라면 제안의 실현이 더 어려웠을 것이다.

3. 오카야마대학의 글로벌 디스커버리 프로그램의 커리큘럼

3.1. "매칭 트랙"

"글로벌 디스커버리 프로그램"의 커리큘럼에는 두 개의 기둥이 있다. 하나는 오카야마대학에 원래 있었던 "학부, 학과 횡단형 매칭 트랙"을 토대로 한 "매칭 트랙"이다. 10개 학부를 가진 오카야마대학에서 학부의 벽을 넘어 일본말로 배움을 가능하게 하는 10년에 걸친 프로그램은 미국 대학의 오픈 커리큘럼을 방불케 한다. 필자가 근무했던 뉴욕주에 있는 해밀턴 칼리지의 경우, 학생들에게 "왜 이 대학을 선택했냐"고 물으면 "오픈 커리큘럼이기 때문"이라는 대답을 자주 들었으며 자기가 배우고 싶은 내용에 맞는 것 혹은 배우고자 하는 내용을 선택할 수 있는 커리큘럼의 인기를 실감할 수 있었다.

3.2. "디스커버리 전수 트랙"

또 하나의 기둥은 영어로 교수하는 "디스커버리 전수 트랙"이다. "Cultural Diversity and Communities(문화적 다양성과 커뮤니티)", "Social Innovation and Entrepreneurship(사회혁신과 기업가 정신)", "Transdisciplinary Sciences for Global Sustainability(지속 가능성을 위한 초학제적 과학)" 등의 과목군(클러스터)이 있으며, 자기가 중심을 두고 공부하는 과목군(클러스터)이 있어도, 다른 과목군(클러스터)도 수강할 수 있는 리버럴아츠적 교육을 이상으로 한다. 예를 들면, "Cultural Diversity and Communities(문화적 다양성과 커뮤니티)" 과목군(클러스터)을 중심으로 공부하는 학생이라도 수학을 수강하고 싶으면 충분히 가능하다는 것이다.

각 과목군 중에는 이하와 같은 모듈이 준비되어 있다.

(1) "Cultural Diversity and Communities(문화적 다양성과 커뮤니티)"
과목군(클러스터)
*Japan and Beyond(일본과 주변)

*Migration and Communities(이동과 커뮤니티)

*Environment and Health(환경과 의료)

*Governance(거버넌스, 정치학)

(2) "Social Innovation and Entrepreneurship(사회혁신과 기업가 정신)" 과목군(클러스터)

*Economics and Management(경제학과 경영학)

*Social Business and Entrepreneurship(소셜 비즈니스와 기업가 정신)

*Philanthropy and Nonprofit Management(필랜스러피와 비영리 조직의 경영)

(3) "Transdisciplinary Sciences for Global Sustainability(지속 가능성을 위한 초학제적 과학)" 과목군(클러스터)

*Astronomical and Atmospheric Spectroscopy(천문과 대기분자 공학)

*Environmental Chemical Engineering(환경 화학 공학)

*Agricultural and Environmental Sciences(응용환경생태학과 지속가능한 농학)

"Cultural Diversity and Communities(문화적 다양성과 커뮤니티)"의 과목군(클러스터)은 인류학, 사회학, 정치학에서 미국과 캐나다에서 Ph.D.를 취득한 교원들을 가르친다. "Social Innovation and Entrepreneurship(사회적 이노베이션과 기업가 정신)"은 경제학이나 경영학, 필랜스러피 등의 분야에서 Ph.D.를 취득한 교원이 담당한다. "Transdisciplinary Sciences for Global Sustainability"는 환경이공이나 농학, 이학계의 분야에서 박사를 취득한 교원을 중심으로 구성되어 있다.

문과계 교원 중 반 이상이 젠더 관련 과목을 제공하거나 연구한다. 이 교원들은 UCLA, Arizona State University, University of Wisconsin at Madison, University of Utah에서 각각 인류학, 사회학, 정치학, 경제학으로 박사 학위를 취득했다.

이 때문에, 일본 국내의 학부학생으로 젠더에 관한 공부도 자기 분야를 뛰어 넘어 영어로 폭 넓게 배울 수 있는 귀중한 국립대학 중 하나가 된 것이다.

이렇게 미국에서 박사 학위를 취득한 교수도 많기 때문에 일본의 대학교이지만 여러 나라에서 사람들이 모이는 디스커버리는 이해하기 쉬운 북미 대학의 과목 넘버링 시스템을 참고로 한다. 교양교육과목(100번대)과, 전문교육과목(200번대부터 600번대까지) 코스 번호를 "글로벌 디스커버리 프로그램"을 위해 독자적으로 만들어 냈다. 전문 교육 과목들은 이들을 5개의 범주로 세분화하여 비슷한 용어로 혼란을 빚기 쉬운 과목 구분에 코스 번호를 붙여 차이가 나도록 하였다. 전문기초과목은 200번대, 전문기본과목은 300번대, 전문과제과목은 400번대, 실천과목은 500번대, 그리고 졸업 연구가 600번대, 이렇게 입학부터 졸업까지 어떤 순서로 과목을 이수하는 것이 바람직한지 알기 쉽게 되어 있다.

3.3 필자가 담당하는 과목들

문화인류학자인 필자가 중심이 되어 담당하고 있는 "Japan and Beyond(일본과 주변)"라는 모듈은 위에서 언급한 바와 같이 디스커버리 전수 트랙 중 "Cultural Diversity and Communities 문화적 다양성과 커뮤니티"(약칭 "DCUL")라는 클러스터의 4개의 모듈 중 하나이다.5)

"Japan and Beyond(일본과 주변)" 모듈 중에서 필자가 담당하는 교양교육과목인 "DCUL 110 Cross-Cultural Experiences"에서는 익숙한 가치관에 대해 "사고하고 되돌아보는" 작업이 요구된다. 전문기초과목의 "DCUL 210 Cultural Anthropology"는 다른 문화에 대한 "지식"을 심화시킴과 동시에 "마음을 열고" 다양한 시점으로 통찰하는 힘을 기른다. 전문기초과목인 "DCUL 310 Fieldwork and Ethnography"에서는 "탐구하는" 것은 물론, 조사 등에서 만나게 된 사람들과의 "커뮤니케이션"이나 타인에 대한 "배려" 등이 요구된다. 특히 후자는 조사 활동에 요구되는 윤리관의 양성과도 통하는 점이 있어, 600번대의 필수과목인 졸업 연습 수업과 졸업 연구에도 도움이 된다.

---

5) http://www.mext.go.jp/a_menu/kokusai/IB/__icsFiles/afieldfile/2015/02/09/1353422_01.pdf.

학생 생활은 장래의 목표를 설정해 나가면서 공부, 동아리나 서클 활동, 아르바이트, 취미 생활, 그리고 친구와 가족과의 관계 등 다양한 요소로 구성되어 있다. "균형 잡힌" 생활에는 "지성, 신체, 마음의 균형을 잡고 유지하는 것이 중요"6)하다는 것을 염두에 두고 전문과제 과목으로 "DCUL 433 Body and Mind"도 "Environment and Health"의 모듈 안에서 앞으로 필자가 제공할 예정이다.

그밖에도 "DCUL 426 Ethnicity, Sexuality, and Class"는 다른 교수가 중심이 되어 담당하는 "Migration and Communities"의 모듈에서 제공하고 있다. 나머지 3가지 모듈은 "Migration and Communities", "Environment and Health", "Governance". 각각 사회적, 의료인류학적, 정치학적인 접근을 근간으로 커리큘럼이 짜여 있다(http://www. mext.go.jp/a_menu/kokusai/IB/__icsFiles/afieldfile/2015/02/ 09/1353422_01.pdf). 즉, 4개의 모듈이 "Cultural Diversity and Communities" 클러스터 안에 정리되어 있어서 문화인류학자, 사회학자, 의료인류학자, 정치학자인 각각의 교원들이 자신의 전문 분야뿐만 아니라 다른 전문 수업을 수강해 온 학생들의 분야를 뛰어넘어 폭 넓은 배움

---

6) 나머지 3가지 모듈은 "Migration and Communities", "Environment and Health", "Governance". 각각 사회적, 의료인류학적, 정치학적인 접근을 근간으로 커리큘럼이 짜여 있다. http://www.mext.go.jp/a_menu/kokusai/IB/__icsFiles/afieldfile/2015/02/09/ 1353422_01.pdf

을 장려하는 커리큘럼으로 구성되어 있다. 리버럴아츠 교육이 추구하는 폭넓은 교육과 같이 "글로벌 디스커버리 프로그램"에서도 학생들에게 여러 분야에 걸친 배움을 장려함으로써 교원으로서도 분야를 막론하고 여러 분야에 걸친 과목 제공에 "도전"한 셈이다.

미국과 같이 수강생들이 과제 문헌을 읽고 수업에 오는 것은 다른 선생님들의 코스와 다를 바 없으나 필자의 코스에서는 수강자 전원이 수업 시간 마다 수업 전에 디스커션 질문 등의 과제를 온라인 플랫폼 Moodle을 통해 수강생 전원과 공유한다. 예를 들면 디스커션 질문은 예스나 노로 대답할 수 있는 질문이 아니고 수업에서 활발한 디스커션을 유도할 수 있는 질문을 각각 한 단원 정도로 정리해서 싣는다. 그리고 필자와 수강생들은 서로의 디스커션 질문을 수업 전에 읽고 의문점이나 자기 나름의 대답, 자신의 질문과 어떻게 관련되어 있는지 등도 생각해 놓아야 한다.

수업 때마다 디스커션 퍼실리테이션을 하는 학생도 2명 정도 사전에 정해 놓을 때도 있다. 이 둘은 되도록 많은 학생들이 발언하여 서로의 의견을 듣고 의미 있는 논의가 될 수 있도록 어느 질문부터 어떤 순서로 진행해 갈 것인지 대강의 계획을 세우도록 사전에 언급해 둔다. 자신의 계획대로 너무 완고하게 디스커션을 진행함으로 인해 활발한 논의가 중단되는 일이 없도록, 자신들이 흐름에 맞추어 퍼실리테이션을 진행해 나갈 수 있는 능력과 유연성도 요구된다. 이러한 내용은 지도하는 과정에서 먼저 전하기는 하나, 디스커션 중 주춤거리거나, 사실관계에 대한 정보가 필요하게 될 때, 혹은 디스커션이 과열되어 수습되지 않는 경우 등, 뭔가 문제가 발생했을 때, 혹은 논의 내용이 어떠한 이론의 정의를 제대로 알아야 할 필요가 있을 때는 필자가 나서서 발언하도록 한다. 한 예로, "성노동과 감정 노동"이라는 과목에서 "매매춘"에 관한 문헌을 읽고 학생으로부터 "매매춘"의 합법, 비합법에 관한 의문이 제기되었다. 비합법화가 타당하다는 의견도 있고 합법화하는 것이 세금 징수도 가능해지므로 더 낫다는 의견도 나왔다. 해답이 하나인 물음이 아님에도 불구하고 스스로 근본적인 가치관까지 흔들려 버려 감정적인 말이 오고 가는 사태가 되어 버렸다. 그때 필자가 나서서 "여러분이 아주 열심히 논의하고 문제의식을 가지고 있다는 것은 **훌륭한** 것입니다. 그러므로 여기에서 토론 연습도 해 봅시다. 토론에서는 지금까지 자기가 주장한 내용과 반대의 입장에서 발언하도록 하겠습니다"는 식으로 유도했다. 학생들은 쓴웃음을 지으면서도 이번에는 필사적으로 상대방의 입장에 서서 발언함으로써 상대방에 대한 이해가 진전된 적이 있었다.

4. 과제와 대응

그러나 디스커션이 어떠한 방향으로 나아가든, 여러 가지 가능성에 대응하기 위해서는 과제 문헌을 섭렵하고, 학생의 질문도 꼼꼼히 읽으면서 거듭 생각해 볼 필요가 있으며 이를 위해서는 막대한 준비 시간이 걸린다. 게다가 한번 강의 노트를 준비하면 당분간 그 노트에 근거하여 수업을 진행할 수도 없다. 각 클래스 마다 수강생이 바뀌면 나오는 질문이나 디스커션도 바뀌기 때문에 수업 준비에는 매번 시간이 걸린다. 하지만 이러한 수업을 강행하는 것은, 학생들에게 배움에 대한 기쁨을 발견해 주거나, 다른 분야에서도 응용할 수 있는 배움의 성과를 실감하게 해 줌으로 느끼는 보람도 있다. 또 이러한 능력은 여러 가치관이 공존하는 글로벌화 사회에서 필수이기 때문이다. 이러한 필자의 노력은 미국 대학교에서는 티칭 어워드라는 형태로 수강생들과 대학으로부터 인정받아 많은 격려가 되었으나 연구 시간을 상당히 압박해 버리는 것도 사실이다. 비판적 사고의 양성을 중시하기 때문에 교육자에게는 부담이 크다. 교원들의 번아웃을 우려하는 이들도 있다. 필자 자신도 미국과 일본의 대학에서 비판적 사고의 양성 교육을 실천한 경험에서 같은 우려를 가지고 있다. 수업 준비에 걸리는 노력이 정당하게 평가되는 시스템 구축, 교원들의 번아웃을 막는 것이 우선되어야 할 것이다. 오카야마대학의 "글로벌 디스커버리 프로그램" 과제와 대응에 대해서는 체계적인 논문 형태로 더 검토할 생각이다.

참고문헌

グローバル・ディスカバリー・プログラム https://discovery.okayamau.ac.jp/jp/(2021.3.31.)

キャロル・犬飼・ディクソン外(2017), 「知の理論」をひもとく－Unpacking TOK. 伊藤印刷（株）出版部, p.3.

鄭幸子(2017), 「岡山大学『グローバル・ディスカバリー・プログラム』とIB 教育：文化人類学者としての日米での取り組みへの『振り返り』」国際バカロレア教育研究 創刊号(1), pp.10~17.

鄭幸子(2021), 「4月から始まる『教教分離』：SDGsと Teaching Award から考える－グローバル・ディスカバリー・プログラム」組合だより 250. pp.5~6. http://oduion.sakura.ne.jp/news/news_250.pdf(2021.3.31.)

文部科学省 スーパーグローバル大学創生支援 https://www.mext.go.jp/a_menu/koutou/kaikaku/sekaitenkai/1360288.htm(2021.3.31.)

文部科学省 IB教育推進コンソーシアム IB用語集 https://ibconsortium.mext.go.jp/glossary/(2021.3.31.)

Santrampurwala, Sara et. al.(2013), Theory of Knowledge: For the IB Diploma, Oxford University Press, pp.147~149.

경상국립대학교
해외지역연구센터
2020 총서

1948~2018년 아제르바이잔

- 70년 역사의 중요 사건을 조망하며 -

로브샨 이브라기모프

(아제르바이잔공화국의 외교 아카데미와 캅카스대학교 교수)

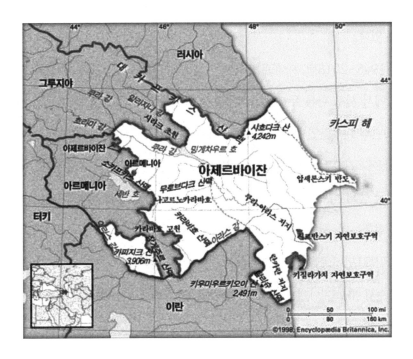

아제르바이잔은 1991년에 독립한 나라로 유럽과 아시아의 경계에 위치한다. 영토는 넓지 않아 86,600㎢, 인구는 약 1천만 명(세계 91위)이다.[1]

아제르바이잔은 역사 기간 동안 풍부한 석유 자원으로 유명하다. 세계에서 최초로 바쿠에서 기업형으로 석유를 생산했는데, 바로 1847년 작은 마을 비비-에이바트(Биби-Эйбат)에서였다. 이때부터 석유가 아제르바이잔의 운명을 결정하게 되었다. 아제르바이잔이라는 명칭은 '불의 나라'를 의미하는데 땅속에서 천연가스 불꽃이 나오기 때문이다. 오늘날에도 바쿠에서 멀지 않은 마을 야나르가그(Янаргаг, 불타는 산)에서 볼 수 있다.

1948~2018년, 아제르바이잔은 이념적, 경제적, 정치적, 사회적 양상에서 서로 다른 두 개의 다른 정치 체계에 속해 있었다. 한마디로 이 70년의 대부분인 1948~1991년(43년) 동안, 아제르바이잔(아제르바이잔 소비에트 사회주의 공화국)은 소련의 일부로서 소련을 구성한 15개 연방공화국 중의 하나였다. 이 기간 사회주의 근대화에 따라 아제르바이잔이 발전했는데, 당시 모든 생산시설은 국가 소유였다.

1991년 소련 해체 후 아제르바이잔은 독립을 다시 얻었다(1918~1920년 독립 아제르바이잔이 최초로 존재했지만 붉은 군대에 점령당해 소비에트 러시아

---

1) http://www.az.spinform.ru/people.html.

에 합병). 1991년부터 현재까지 27년이 흘렀다. 이제는 독립 이후 자유
주의적 근대화를 위해 사회주의적 근대화 모델을 거부하는 전환기이다.
민영기업과 노동시장의 형성이 시작되고 있다.

이 논문에서는 아제르바이잔의 70년을 조망하는데 시기를 구분하여
주요한 특징과 사실을 보여주려 한다. 이렇게 함으로써 각 시기별 일어
난 중요 사건들의 정보를 분석하게 된다.

1. 1940년대 말~1950년대 아제르바이잔의 전후(戰後) 산
업화 기간

소련은 1945년 종전한 2차 대전 승전국이다. 전쟁폐허로부터 복구
문제가 대두되었다. 아제르바이잔은 전쟁 지역은 아니었지만 전쟁의 심
각한 피해를 입었다. 아제르바이잔 국민 681,000명(1만 명의 여성 포함)
이 2차 대전에 참전했는데, 당시 아제르바이잔의 총 인구는 333만 명이
었다. 다시 말해 아제르바이잔 국민의 1/5이 참전하였다. 인명 손실도
상당하여 총 인구의 105에 달하는 30만 명이 사망하거나 실종되었다.

1941~1945년 전쟁 중 아제르바이잔의 경제는 전쟁물자 지원에 맞
추어졌다. 당시 전선으로 보급된 석유의 70~75%, 가솔린의 85~90%
는 바쿠에서 생산된 것이었다. 전쟁 중 바쿠로부터 전선으로 석유

7,500만 톤, 2,200만 톤의 가솔린이 지원되었다.[2]

이외에 아제르바이잔의 공장에서는 130종 이상의 무기와 군수물품이 생산되었다. 이중에는 로켓트 카튜샤(Катюша)와 기관총 슈파긴(Шпагин), 전투기 야크-3(ЯК-3)도 있었다.[3]

아제르바이잔의 농업도 전쟁 승리에서 중요한 역할을 했다. 곡물, 채소, 과일, 면화를 전선으로 보냈다.

종전 후 아제르바이잔에서는 새로운 공업발전이 시작되었다. 공화국에서는 거대한 공장이 들어오기 시작했고 석유 채굴역사에서의 새로운 장이 열렸다.

1948년 인구는 270만 명이었는데, 이중에서 41%가 도시민, 59%는 농촌주민이었다. 전체적으로 아제르바이잔은 석유산업의 발전과 함께 소련의 농업 중심지였던 것이다.

전후 아제르바이잔에서는 새로운 공업도시들이 건설되기 시작했다. 즉 1946년 가장 큰 강인 쿠라(Кура) 강 양 안에 새로운 도시인 민게차비르 시(город-Мингечавир)가 건설되기 시작했다. 이 새로운 공업중심지 건설 목적은 지역에서 가장 큰 민게차비르 수력발전소(Мингечавирская ГЭС) 건설을 위한 것이었는데, 이의 건설이 1954년까지 계속되었다. 민

---

2) http://portal.azertag.az/ru/node/1776.

3) http://portal.azertag.az/ru/node/1776.

게차비르 수력발전소는 아제르바이잔에서 석유 외에 가장 규모가 큰, 또 다른 에너지 자원이다.

민게차비르 시 외에, 1949년에 바쿠로부터 40km 떨어진 아프쉐론 반도에 숨가이트(Сумгайыт)시가 건설되기 시작했는데, 이 도시는 소련의 가장 큰 석유화학공업 중심지가 되었다. 이 도시에는 석유화학단지 외에도 제철소, 자동차 및 경공업 생산 기업들이 만들어졌다.

1954년 주브로프카(Зубровка) 촌을 기반으로 알리-바이라믈(Али-Байрамлы)이 건설되었다. 쉬르반(Ширван) 지역에서의 석유채굴이 이 도시의 주요한 활동이 되었다. 오늘날에도 이 도시 생산의 90%가 이 분야에 해당한다. 1949년 카스피 해 해상에 건설된 도시 네프탸느이예 캄니(Нефтяные Камни)가 아제르바이잔이나 세계에서 중요한 의미를 가진다. 육상에서의 석유채굴이 불가능해졌기 때문이다. 해상에서의 석유채굴을 위한 조건을 마련해야 했다. 이에 따라 지금도 석유를 채굴하는 해상 도시가 건설된 것이다. 1951년 해상에서 채굴한 석유를 실은 최초의 유조선이 육지로 향했다.

1956년 8월 21일 '아제르바이잔어에 대한 결정' 채택이 중요한 사건이 되었는데, 아제르바이잔어가 아제르바이잔의 공식어가 되었다. 이보다 앞선 동년 2월 14일 국영 TV가 최초로 방송을 시작했다. 1958년 아제르바이잔에서는 문화부(Министерство Культуры)가 설치되어 아제르바이잔의 민족문화발전을 지원하게 되었다.

2. 1960~1970년대 아제르바이잔의 발전과 변화

1960년 아제르바이잔의 인구는 381만 5천명으로 늘었는데, 도시민은 48%, 농촌주민은 52%였다. 공업화 및 근대화 정책 결과로 도시민과 농촌주민의 수가 거의 같아진 것이다. 또한 민족비율이 변하기 시작했다. 1959년 아제르민족 출신이 67.5%(1939년 58.4%)를 차지했다. 이의 주요 원인은 아제르민족이 다른 민족에 비해 출생률이 높은데 있었다. 이때 러시아인 13.6%(1939년 16.5%), 아르메니아인 12%(1939년 12.1%)였다.

이 기간 석유산업의 경제적 가치가 변하기 시작했다. 소련 다른 지역, 특히 시베리아에서 대규모 석유층이 발견된 이후 아제르바이잔의 석유에 대한 관심이 줄어 석유 생산 증가를 목표로 한 자본 투자도 줄었다. 즉 알리-바이라믈 시에서 멀지 않은 육상에서의 새로운 석유 산지에서 채굴이 이루어졌지만 전쟁 전 아제르바이잔에서 생산한 수준까지 도달하지 못했다.[4] 이와 더불어 알리-바이라믈 시에서는 유럽 최초의 개방형 수력발전소(Али-Байрамлинская ГЭС)가 건설되었다.

1960년, 바쿠에서 144km 떨어진 샤마흐(Шамахы) 시에 세계에서 가장 큰 우주관측천문대(Астрофизическая Обсерватория)가 건설되

---

4) http://www.azerbaijans.com/content_716_ru.html.

었다. 이 천문대 활동 덕분에 중요한 과학 발견이 이루어졌다. 이 기간 아제르바이잔, 니자미(Низами), 투시(Туси) 등의 이름을 얻은 새로운 소혹성들이 발견되었다. 아제르바이잔 출신 학자들을 기려 수성, 화성, 달 표면 크레이터에 이름이 붙여졌다.

1967년 11월 25일, 바쿠 지하철이 건설되었다. 이는 소련의 다섯 번째 지하철이다. 처음에는 연장 6.75km, 5개 역으로 구성되었다. 오늘날에는 36.7km, 25개 역으로 구성되어있다. 지하철의 건설은 지금도 계속되어 2030년에는 119km, 76개 역이 될 것이다.

3. 1970~1980년대 아제르바이잔의 발전

1970년 아제르바이잔의 인구는 517만 2천 명으로 10년 동안 100만 명 이상이 늘었다. 도시민 50.12%, 농촌 주민 49.98%이었다. 도시민이 최초로 농촌 주민보다 많아졌는데, 이 현상은 1968년에 최초로 나타났다. 아제르민족 출신의 인구도 증가하여 73.8%였다. 당시 수적으로 2위인 러시아인은 10%, 아르메니아인은 9.4%였다.[5]

1970년 도시화와 산업화가 심해졌다. 거대한 건축물과 기업이 주로

---

5) https://en.wikipedia.org/wiki/Demographics_of_Azerbaijan.

바쿠와 숨가이트에 건설되었다. 예전과 비교하여 다른 도시에서는 제한적이었다. 이는 아제르바이잔뿐만 아니라 소련 전역에서의 전반적인 경제상황과 정치적 과정과 관련된 것이었다. 소련 경제의 침체와 부진으로 소련 전역에서의 전 방위적인 근대화가 불가능해졌다. 이 결과로 공업화도 주로 소련의 산업 중심지에서 진행되기 시작했다. 아제르바이잔의 경우는 훨씬 심해 중소기업 부문에서의 노동력 고용수준이 하락했다. 농촌에서 대도시로의 주민 이주가 나타나기 시작했다. 많은 수의 석유 관련 전문가들이 아제르바이잔을 떠나 소련의 석유채굴 중심지인 시베리아로 갔다. 시베리아에서의 거대한 유전 발견이 아제르바이잔 출신 석유 관련 전문가들과 관련된 것은 결코 우연이 아니다.

아제르바이잔에서 발생한 이와 같은 과정의 결과로 1970년대 4개 대도시인 바쿠, 숨가이트, 킬로바바드(현재의 간자), 민게차비르에 도시민의 63%가 거주했다. 나머지 56개 시에 37%가 거주했다. 이는 주거와 여타 사회적 대상물에 대한 수요를 충족시키기 어렵게 만들었다.

4. 1980~1990년대 소련 말기 아제르바이잔

1980년 아제르바이잔의 인구는 소련 인구의 2.5%를 차지, 총 인구는 611만 5천 명이였다. 주민의 이주와 증가로 인해 주요 대도시의 주민이 53.1%를 차지했고, 농촌 주민은 46.9%까지 줄었다. 민족 비율도 조금 바뀌었다. 아제르민족 출신은 계속 증가했다. 1979년 인구센서스에 따르면, 아제르민족 출신이 78.1%, 러시아인과 아르메니아인이 각각 7.9%였고 2.6%는 레즈그인(Лезгины)으로 15만 8천 명이 거주하고 있었다.

이 기간 고도의 전문인적자원이 양성되었다. 즉 1979년 아제르바이잔에서 고등교육을 받은 국민의 수가 30만 명에 달했다. 80년대 아제르바이잔에서는 생산, 과학-기술 및 고도의 전문성을 가진 인적자원을 양성하여 나라와 지역의 경제발전을 지원하려 했다.

80년대 중반 아제르바이잔은 소련의 석유 생산 설비의 70%를 보유(여기에는 심해펌프의 100%, 전기용접설비의 10.5%, 탄성고무소다의 7.8%를 포함). 이외에 소련에서 생산하는 와인과 와인식품의 1/3, 에어컨의 100%, 냉장고의 5.7%, 면사의 9.6%, 실크원사의 11.7%를 생산했다.[6]

이럼에도 불구하고 정치적, 경제적 영역에서의 전반적인 상황은 침체되어있었다. 많은 문제를 해결하기 위한 보다 빠른 개혁이 요구되었다. 소련에서 고르바쵸프가 권력을 잡은 이후 상황 변화 시도가 나타났다. 이 지도자는 개혁, 개방 정책을 발표하여 이 상황 변화를 지원하려 했다. 그러나 이 시도는 성공하지 못했다. 경제 부문에서의 첨예한 문제들이

---

6) http://www.azerbaijans.com/content_716_ru.html.

정치 위기의 원인이 되어 이것이 다민족국가인 소련에서 민족 간 문제의 원인이 되었다.

아제르바이잔도 이 문제를 피해갈 수 없었다. 1988년 2월 나고르노-카라바흐 자치주에 거주하던 아르메니아인들이 아르메니아 소비에트 공화국과의 합병 요구를 드러냈다. 이런 요구가 1991년 아제르바이잔과 아르메니아가 독립한 이후에 전쟁으로 비화된 오랜 분규의 시발점이 되었다.

양 민족 간의 군사적 충돌이 80년대 말에 시작되었다. 이 결과로 지금껏 아르메니아에 살던 아제르바이잔인과 아제르바이잔에 살던 아르메니아인들은 자기의 고향을 버리고 난민으로 전락했다.

또 하나의 큰 사건이 1990년 1월 20일 소련군의 바쿠 진입이었는데, 이는 공산당 정부 퇴진 요구를 진압하기 위한 것이었다. 이 군사탄압 결과 170명이 사망했고 800명이 부상당했다. 이 사건은 독립 아제르바이잔 수립의 정점이 되었다.

5. 독립 시기의 아제르바이잔

1991년 10월 18일, 아제르바이잔은 독립국가 부활을 선포했다(붉은 군대가 점령하기 전인 1918~1920년 아제르바이잔은 독립국가였다). 소련의 해체

과정은 돌이킬 수 없었고, 이 때문에 아제르바이잔의 독립은 곧 다른 나라로부터 인정받았고 1992년 3월 2일 아제르바이잔은 UN총회에 의해 회원국이 되었다.

이 당시 아제르바이잔의 인구는 약 7백 22만 명이었다. 도시민이 53.45%, 농촌인구는 46.55%로 줄었다. 또한 소련의 해체에 따라 인구 지형도도 변하여 많은 수의 러시아인들이 러시아로 영구 귀국을 결정했고 아르메니아와의 분규로 인해 아르메니아인들이 아제르바이잔을 떠났다. 즉 1999년 인구센서스에 따르면 아제르민족 출신이 90.6%까지 늘었고 레즈그인들이 두 번째로 수가 많은 민족이 되었고, 러시아인들은 1.8%, 아르메니아인들은 1.5%가 되었다.

독립 초기는 이 신생국에게는 심각한 경험기간이었다. 아제르바이잔은 심각한 경제 후퇴를 경험했다: 1992~1995년 연 평균 GDP는 19.3% 하락했고 총체적인 경제 하락으로 1990년에 비해 58% 작아졌다. 이 기간 중 인플레는 평균 1,029%에 달했고, 특히 1994년에는 1,664%에 달해 초 인플레가 나타났다. 국민의 60% 이상이 빈곤층이 되었다.[7]

그 외에 국내에는 나고르노 카라바흐를 둘러싸고 아르메니아와의 전쟁으로 비화한 불안한 정치 상황이 나타났다. 1991~1993년 정권이 세

---

[7] http://cc-sauran.kz/rubriki/economika/100-azerbaydzhan-ekonomicheskoe-razvitie.html.

차례 바뀌었다. 불안한 경제, 정치 상황, 그리고 국제무대에서 인접국들과의 복잡한 관계로 인해 영토의 20%가 아르메니아 군대에 점령당했고 약 100만 명이 난민으로 전락, 강제이주 되었다. 당시 아제르바이잔 인구 700만 명 중 1/7이 난민이거나 집도 돈도 없이 강제이주 당했다.

상황은 경험 많은 정치 지도자 게이다르 알리예프(Гейдар Алиев)가 정권을 잡자 안정되었는데, 그는 정권을 확고히 하고 정치적 불안을 방지하고 경제적 침체를 멈추는데 성공했다.

이외에 1994년 5월 아르메니아와 종전 조약을 체결하여, 계속된 점령과 난민에도 불구하고 국내 안정을 꾀했다.

1994년 9월 20일 서방 에너지 기업들과 체결한 석유조약(소위 세기의 조약)이 아제르바이잔의 정치적 안정과 경제적 발전 측면에서 중요한 사건이었다. 30년간으로 예정된, 10억 톤으로 추정되는 심해 유전인 아제리, 치라그, 규네슐리(Азери, Чираг, Гюнешли)의 생산 분배비율 조약은 8개국 13개 기업과 맺은 것이다. 이 조약은 미래 아제르바이잔 발전의 진정한 시발점이 되었다.

아제르바이잔이 대양으로의 출구가 없기 때문에 석유 수출을 위해서는 인접국을 통한 송유관의 건설이 필수적이다. 첫 단계에서 5~6백만 톤의 적은 양의 석유 수출이 계획되어 있다. 이 지역에서 형성된 지정학적 상황을 고려하면 두 개의 송유관이 즉시 건설되어야 했다: 러시아와 그루지야의 흑해 항구를 통한 수출. 그 결과 두 개의 송유관이 설치되었

다: 바쿠-노보로시스크(1997년 건설 시작)와 바쿠-수프사(1999년).

이후 1997년 츠락(Чыраг) 유전에서 채굴이 시작되었고 1996~2000년 평균 경제성장률이 7.1%에 달했다. 2003~2008년 석유 생산이 증가하고 세계시장에서의 유가가 급등하여 아제르바이잔의 GDP가 2.6배 성장했다. 2005년 GDP는 26.4%, 2006년에는 기록적인 36.6%, 2007년은 25%에 달했다.[8]

2006년 새로운 송유관인 바쿠-트빌리시-죄이한(Баку-Тбилиси - Джейхан)이 건설되었는데, 이의 종착점은 지중해의 터키 항구이다. 송유관의 용량은 5천만 톤에 달한다. 이 송유관의 건설 덕분에 상당량의 아제르바이잔 석유수출이 가능해져 국가 수입이 증대하게 되었다.

아제르바이잔은 석유뿐 아니라 천연가스도 풍부하다. 1999년 대규모 천연가스전 샤흐데니즈(Шахдениз)가 발견되었는데, 이의 매장량은 약 1조㎥에 달한다. 이 가스전이 발견되자마자 그루지야와 터키 수출 조약이 체결되었다. 이를 목표로 남캅카스 가스관이 설치하도록 되었는데, 바쿠에서 터키의 도시 에르주룸으로 이어진다. 이 가스관은 터키의 가스관 망과 연결되도록 되어있었다. 이 가스관의 건설은 2008년까지 완성되어 아제르바이잔 가스가 그루지야와 터키의 시장에 나오게

---

8) http://azerbaijans.com/content_1600_ru.html.

된다. 아제르바이잔은 그루지야 국내 가스 수요의 100%[9], 터키의 14.7%[10]를 담당하게 된다. 터키 시장으로 공급되는 가스양이 계속 증가하고 있다.

카스피 해의 아제르바이잔 영역에서의 탐사활동이 계속되어 새로운 가스전의 발견이 이루어지고 있다. 독립 이후 샤흐데니즈 가스전 외에 수개의 가스전이 발견되었다. 이중에는 압쉐론(Апшерон),[11] 우미드(Умид),[12] 바베크(Бабек)[13]이 있다. 또 다른 유망한 가스전이 있어 가까운 장래에 아제르바이잔을 석유와 함께 가스의 나라로 만들 것이다. 천연가스 매장량이 풍부하여 아제르바이잔은 가스 수출을 위해 새로운 가능한 시장, 우선 유럽을 개척하기 시작했는데, 유럽에서의 가스 수요가 많고 계속 성장하고 있기 때문이다.

9) https://eadaily.com/ru/news/2018/01/31/socar-namerena-uvelichit-postavki -azerbaydzhanskogo-gaza-v-gruziyu.

10) http://www.enerjiatlasi.com/haber/dogalgaz-ithalati-yuzde-5-2-dustu.

11) http://www.nftn.ru/oilfields/asia/azerbaijan/apsheron/31-1-0-1998.

12) https://neftegaz.ru/tech_library/view/4713-Umid-gazovoe-mestorozhdenie.

13) https://www.blackseanews.net/read/141769.

6. 2010년 이후 아제르바이잔이 실현한 거대 에너지, 운송, 커뮤니케이션 프로젝트

정치적 안정, 경제적 가능성과 국제적인 위신이 확립되자 아제르바이잔은 대규모 국가 및 캅카스 지역 프로젝트를 적극적으로 실현하기 시작했다. 아제르바이잔이 이들 프로젝트의 주창자이자 투자국으로서 직접적인 참여 없이는 실현되지 못할 것이다. 이에 따라 아제르바이잔은 캅카스 지역 전체의 운명을 바꿀 수 있는, 지역경제 프로젝트의 실현에 결정적인 역할을 하는 중요한 지역 활동국으로 변했다.

아제르바이잔의 천연가스 생산 증가를 고려할 때 새로운 세계 시장 수출을 위한 새로운 수출 운송로 건설이 필요했다. 이와 관련하여 첫 단계로 빠르게 성장하는 터키 시장에 천연가스를 수출할 목적으로 가스관 TANAP Trans-Anatolian Natrual Gas Pipeline 건설이 시작되었는데, 이는 터키 동쪽으로부터 서쪽을 관통하는 것이었다. 이 프로젝트의 대부분을 아제르바이잔이 자금을 충당하여 아제르바이잔 국영석유기업 SOCAR가 51%를, 이 기업의 터키 자매기업 SOCAR Turkey가 7%를 담당했다.

첫 단계에서 이 가스관을 통해 160억㎥의 가스가 운송될 것으로 기대된다. 이중에서 60억㎥가 터키시장으로 공급되고 나머지 100억㎥가 유럽의 그리스, 불가리아, 이탈리아로 운송될 것이다. 이후 TANAP의 확장이 예상되고 2023년부터 이 가스관을 따라 230억㎥의 가스가 운송되고 2026년부터는 310억㎥이 운송될 것이다. 2018년 6월 12일에 가스관 건설이 완공되어 아제르바이잔 가스가 처음으로 터키 시장에 나오기 시작했다.

터키 국경에서 유럽시장으로 나가기 위해 그리스와 알바니아 영토를 따라 이탈리아까지 새로운 가스관 TAP(Trans Adriatic Pipeline)가 건설되고 있는데, TANAP처럼 2015년에 건설이 시작되었다. 2020년에 완공 예정이다. TAP의 주요 목표는 유럽 시장 수출에 있다. TANAP처럼 20% 지분을 가진 SOCAR가 이 프로젝트의 시행자이다. 초기 단계에서 100억㎥의 가스 수출이 계획되어 200억㎥ 까지 증가하도록 되어있다. 2단계에서는 지역의 다른 국가들, 가장 먼저 서부 발칸국가들과 크로아티아까지 수출이 기대된다. 아제르바이잔이 이 지역 국가들의 중요한 천연가스 공급국가가 될 것이다.

바쿠-트빌리시-에르주룸 가스관과 TANAP, TAP 그리고 남부 가스통로를 포함하는 이 메가 프로젝트에 투입되는 자금은 $400억에 달한다.

2013년 최초의 아제르바이잔 인공위성 Azerspace-1의 발사가 우주 영역에서 새로운 아제르바이잔 역사에서의 중요 사건이다. 이 위성은 TV방송과 통신 서비스 기능을 수행하고 그 외에 질적으로 우수한 반영구적 통신에 사용된다. 이 위성은 유럽, 아프리카, 중앙아시아, 남캅카스, 근동 여러 나라에 서비스를 제공할 수 있다. Azerspace-1는 탐사활동 중, 아제르바이잔뿐만 아니라 이 지역의 여러 나라에 필요한 서비스를 제공했다. 2018년 9월 26일 두 번째 인공위성 Azerspace-2가 발사되었다. 이렇게 해서 아제르바이잔은 더욱 광범위한 지역에 서비스를 제공하고 이에 따라 추가 수입을 얻을 수 있다.14)

2017년 9월 14일 바쿠에서 아제리, 치라그, 구네슐리(Азери, Чираг, Гюнешли)의 작업을 계속할 목적으로 새로운 조약에 서명했다. 앞선 조약에 서명한 모든 기업들이 이 콘소시움에 참여했는데, 바로 아제르바이잔의 SOCAR, 영국의 BP, 미국의 Chevron, ExxonMobil, 일본의 IMPEX, ITOCHU, 노르웨이의 Statoil, 터키의 TPAO, 인도의 ONGC 등이다. 이 새로운 조약은 2050년까지이다. SOCAR의 몫이 예전의 11%에서 25%로 증가한 것이 중요한 특징이었고 그 외 이익의 75%는 아제르바이잔에 귀속하게 된다.15)

아제르바이잔은 지리적인 이점으로 인해 지역의 운송통로 발전에 관심이 지대하다. 즉 2017년 10월 30일 아제르바이잔, 그루지야, 터키의 철로를 연결하는 바쿠-트빌리시-카르스 철도 노선 건설이 시작되었다. 이 철도 건설로 극동이 유럽과 연결되고 이들 지역 간의 또 하

---

14) https://www.trend.az/business/it/2893220.html.

15) https://ru.president.az/azerbaijan/contract.

나의 철도 운송이 가능해진다. 이 프로젝트의 주도국은 아제르바이잔으로 2007년에 이미 건설이 시작되었다. 아제르바이잔은 이 건설을 위해 그루지야에 $7억 7천 5백만 규모의 장기저리차관을 제공했다. 이 프로젝트는 아제르바이잔, 그루지야, 터키의 더욱 가깝게 해주고 유라시아 여러 지역 간의 발전을 도모할 것이다.[16]

아제르바이잔은 또한 인도와 유럽 간의 새로운 교통로를 만들기 위해 러시아와 이란을 잇는 또 다른 남-북 운송로의 파트너이다. 이 운송로의 철도 교통을 만들기 위해서는 아제르바이잔과 접경한 이란의 레슈트 시와 아스타라 시 사이의 172km 구간의 철도 건설이 필수적이다. 이 프로젝트를 보다 빨리 실현하기 위해 아제르바이잔은 이란에 $5억 규모의 차관을 제공했다.[17] 이 프로젝트가 실현되면 이 지역 국가 간 화물운송이 몇 배 이상 증가하는데, 거리와 운임을 단축하고 국가 간의 보다 긴밀한 경제적 교류를 만들 수 있다.

오늘날 아제르바이잔은 역동적으로 발전하고 있는 나라로서 지역의 협력을 적극적으로 도모하고 일련의 운송 및 에너지 프로젝트의 주도국이다. 이런 프로젝트는 중앙아시아, 남캅카스, 흑해, 발칸 지역의 국가들의 통합을 지원하고 있다. 그 외에 아제르바이잔 경제의 견인차인 석

---

16) https://www.ady.az/ru/read/index/6/43.

17) https://www.gazeta.ru/business/2016/08/08/10110611.shtml.

유기업 SOCAR가 그루지야, 터키, 스위스, 루마니아, 우크라이나와 같은 나라들의 여러 에너지 프로젝트 실현에 적극적으로 참여하고 있다. 터키를 제외한 이들 국가에서 SOCAR는 폭넓은 주유소 망을 가지고 있다. SOCAR는 터키에서 가장 규모가 큰 석유화학기업 PETKIM을 민영화했고, 최초의 민영 정유공장인 Star과 PETLIM의 항구를 건설했다. 이 외에 이 회사는 그루지야의 쿨레비에 있는 석유해양 항구 터미널을 민영화시켰다. 현재 SOCAR는 그루지야에서 가장 큰 납세자이자 터키에서의 가장 큰 투자자이다. SOCAR는 또한 차후에 아제르바이잔을 넘어서는 여러 프로젝트에 적극적인 참여를 계획하고 있다. 이들 프로젝트가 실현되면 아제르바이잔의 경제 지표가 개선될 것이다. 2018년 아제르바이잔은 1990년의 소비에트 GDP를 2.6배 증가시켜 포스트소비에트 공화국 중에서 가장 높은 지표를 보이게 된다.[18]

이럼에도 불구하고 아제르바이잔은 긍정적인 역동성을 유지하기 위해 경제를 더욱 발전시키고 다양화시켜야 한다. 에너지 부문의 의존은 뜻밖의 위기를 초래할 수 있다. 즉 2014~2017년 세계시장에서 유가가 급격히 하락하여 아제르바이잔은 심각한 문제를 겪었기 때문이다. 그 결과 2015년에 아제르바이잔의 마나트화는 ½로 평가절하 되었다. 그 외에 2016년 GDP는 -3.8%로 추락했다.

---

18) https://www.trend.az/business/economy/2883780.html.

이렇게 아제르바이잔의 미래의 주요 목표는 경제의 다양화와 에너지 부문의 대안 모색이다. 현재 석유화학공업, 농업, 관광업, 지역화물운송업의 발전을 위한 조치가 실현되고 있다. 이를 목표로 결실이 나타나기 시작한, 이들 프로젝트 실현을 위한 중장기 로드 맵을 만들었다. 2018년 7월 18일 아제르바이잔의 숨가이트 시 SOCAR Polymer가 실현하고 있는 프로젝트의 폴리프로필렌 공장 개장 세레모니가 개최되었다. 연간 18만 4천 톤의 폴리프로필렌이 생산, 이 중에서 30%는 내수용, 70%가 수출용이다. 2018년 말 SOCAR Polymer는 또 하나의 공장 설립을 계획하고 있는데, 여기서는 연간 12만 톤의 저압폴리에틸렌이 생산될 것이다. 이들 두 기업의 가동으로 아제르바이잔의 석유 부문의 수출 소득이 19% 늘어날 것이다.[19]

또한 농업과 관광에서도 증가가 관찰되고 있다. 2018년 6개월 동안 농업은 7.6% 성장했다.[20] 관광도 2017년에 비해 20% 증가할 것으로 기대된다.

이렇게 아제르바이잔은 에너지뿐만 아니라 석유 잠재력을 발전시키려 노력하고 있다. 이에 따라 경제 다양화가 최근 아제르바이잔의 가장 중요한 과제가 되고 있다.

---

19) http://www.mrcplast.ru/news-news_open-341067.html.
20) https://www.vestifinance.ru/articles/103718.

2018년은 아제르바이잔의 공화국 건국 100주년이다. 아제르바이잔은 무슬림 국가 중 최초의 공화국으로 다른 공화국 건국의 모델이었다. 현 시점은 아제르바이잔에게는 매우 중요하고 국가와 국민의 계속적인 발전과 번영을 위한 시발점이다.(정경택 번역)

경상국립대학교
해외지역연구센터
2020 총서

나고르노-카라바흐의 언어상황 변화[*]

정경택(경상국립대학교 러시아학과 교수)

I. 서론

나고르노-카라바흐(Нагорно-Карабах, Нагорный Карабах)[1]는 아르메니아어로는 아르싸흐(Арцах), 아제리어로 카라박(Dağlıq Qarabağ)이다. 소련 당시 남캅카스(Закавказье) 3개국 중 아제르바이잔 소비에트 공화국 내 아르메니아인들이 절대 다수 거주하던 곳이었다.

소련의 공식 해체(1991년 12월 24일) 수개월 전인 1991년 9월 2일 이곳

---

[*] 이 논문은 정경택이 2919년 발표한 "아르싸흐 공화국의 언어상황 연구"를 수정, 보완한 것임.

[1] 나고르노-카라바흐라는 지명은 러시아어의 "Nagorno"(mountain), 투르크어의 "Kara"(black), 페르시아어의 "Bao"(garden)이 결합된 명칭으로, 역사적으로 러시아, 투르크, 페르시아의 영향력이 혼재되어 있음을 알 수 있다.

의 주민들은 나고르노-카라바흐 주 소비에트(Нагорно-Карабахский областный Совет)와 인접 샤우먀노프 라이온2) 소비에트(Шаумяновский районный Совет)와의 합동회의를 통해 나고르노-카라바흐의 독립을 선언했고 1991년 12월 10일 공화국의 지위에 관한 국민투표를 실시했으며, 99.89%의 찬성3)으로 나고르노-카라바흐 공화국(아르싸흐 공화국)을 창건했다.4)

그렇지만 아제르바이잔으로부터 떨어져 나온, 아르메니아민족 중심의 나고르노-카라바흐 공화국 창건은 1991~1994년 결국 아제르바이잔과의 무장병력 충돌(1차 카라바흐 전쟁)로까지 비화되었다. 이 과정에서 처음에는 아제리인들5)이 아르메니아인들을 나고르노-카라바흐와 샤우먄 라이온에서 쫓아냈고, 이에 반발하여 아르메니아정부의 지원을 받

---

2) 라이온은 소련의 주 또는 시 아래의 행정 구역 단위로서 군(郡)이나 구(區)로 볼 수 있다.

3) 당시 나고르노-카라바흐 총 인구의 23%에 달하는 아제르바이잔 민족 출신 주민들이 투표를 거부하여 이런 독립찬성비율이 나왔는데, 이 국민투표는 국제적으로도 인정을 받지 못했다.

4) 나고르노-카라바흐 주민들은 아르싸흐 공화국(Республика Арцах, 아르메니아어 표기 Լեռնային Ղարաբաղի Հանրապետություն, Արցախի Հանրապետություն)으로 부르는데, 아르싸흐는 원래 고대 아르메니아 왕국 동부지역 명칭으로 그 영토가 현재의 나고르노-카라바흐 지역과 대체로 일치하기 때문이다. 공화국 창건 당시의 헌법 시안에서는 공화국 명칭을 나고르노-카라바흐라고 붙였지만 2017년 현재의 헌법에서는 아르싸흐로 바꾸었고 1조 2항에서 아르싸흐와 나고르노-카라바흐는 동일한 명칭이라 밝히고 있다.

5) 자신들을 아제리(азери, азари)라고 부르기 때문에 여기서는 민족과 언어를 칭할 때 아제리민족, 아제리어라는 용어를 사용한다.

는 나고르노-카라바흐 공화국 군이 자국과 접경한 아제르바이잔의 몇몇 라이온을 점령하고 통치권을 확립하면서 해당 지역의 아제리인들을 쫓아내었는데, 이때부터 나고르노-카라바흐 지역은 사실상 아르메니아의 영토가 된 것이다.6) 그렇지만 나고르노-카라바흐 공화국의 실체는 국제적으로 인정받지 못했고, 심지어는 아르메니아와 러시아연방에서도 공식적으로는 독립국으로 인정하지 않았으며, 서방과 UN의 안보리에서도 이 공화국 영토를 여전히 아르메니아 군대가 불법 점령한 아제르바이잔 영토로 간주하고 있었다.

그러나 작년 2020년 9월~10월 양국 간의 분규가 다시 재개되어 전쟁(2차 카라바흐 전쟁)으로 비화했는데, 이 전쟁의 결과 아제르바이잔은 아르메니아에게 빼앗겼던 영토를 상당 부분 회복하게 되었다.

소련시기(1923~1991년) 나고르노-카라바흐 지역은 아제르바이잔 소비에트 공화국의 자치주였지만, 주민 절대다수는 아르메니아계로 민족, 언어, 문화적으로 아제리인들과는 공통성이 없었고 오로지 소비에트의 인위적인 국경설정으로 탄생한 곳일 뿐이었다.

나고르노-카라바흐는 소련시기 아제리어가 아닌 아르메니아어가 주민들의 일상어였고, 공식 활동의 언어는 러시아어였다. 소련의 해체 기

---

6) 2차 카라바흐 전쟁 전까지 나고르노-카라바흐 공화국 영토이자 예전 아제르바이잔 나고르노-카라바흐 자치주 밖의 지역, 그리고 아제르바이잔 당시 샤우먀노프와 한라르 라이온일부를 나고르노-카라바흐 공화국의 안전지대로 불렀다.

간과 아르싸흐 공화국 창건 초기부터 아르메니아어가 유일한 국어로서의 기능을 보장받았지만 지금은 본국 아르메니아의 언어정책 변화와 관련하여 러시아어가 다시 소련시기의 위상, 즉 공용어, 민족 간 의사소통어(межнациональный язык, 링구아 프랑카)의 지위를 얻고 있는 상황이다.

남캅카스의 독립 3개국인 아르메니아, 아제르바이잔, 조지아에서의 러시아어의 지위 하락과 사용영역 축소, 그리고 토착주도민족중심의 국가 건설 과정에서 나타나는 언어정책 수립과 그 시행으로 인한 러시아인, 압하스인 그리고 오세트인들을 비롯한 소수민족의 저항을 살펴본 것이 있다.(정경택 2016, 2016, 2017)

그렇지만 여기서는 이와 조금 다른 시각에서, 즉 소련시기 인위적인 국경 설정, 민족적, 종교적, 문화적으로 연관성이 없는 인접 공화국으로의 강제 편입으로 인해, 소련 당시에는 분규가 잠재되어 있었다가 소련의 해체 즈음에 분규가 폭발한 나고르노-카라바흐 지역의 언어상황 변화를 역사적 과정을 통해 살펴보고 이 지역의 민족 간 의사소통어였던 러시아어가 토착주도민족의 본국인 아르메니아의 언어상황에 따라 어떻게 변화하고 있는지를 알아보기로 한다.

이 지역에는 사실상 아르메니아인들의 국가인 나고르노-카라바흐 공화국이 있었지만 분규가 종식된 것은 아니었고, 마침내 2020년에 아제르바이잔이 다시 빼앗긴 대부분의 영토를 회복했기 때문에 최근의 상황은 전혀 알 수 없고 정확한 전문자료도 극히 적고 이의 입수도 어려워 연구의 한계가 있다.

러시아인과 같은 인도-아리아 인종이고 종교도 역시 정교회를 믿어 러시아에 더 가까운 아르메니아인을 몰아낸, 아제르바이잔의 나고르노-카라바흐 재점령은 지역의 언어정책을 바꾸고 러시아어에 대해서도 다른 입장을 보이게 될 것임을 분명하다.

II. 본론

1. 소련시기 남캅카스의 언어상황

나고르노-카라바흐의 언어상황을 알아보기에 앞서 이 지역이 속한 남캅카스의 역사적, 지정학적, 언어적 상황을 살펴보는 것이 현재의 민족-언어상황을 이해하는데 도움이 된다.7)

---

7) 남캅카스에는 아르메니아, 아제르바이잔, 조지아 등 세 독립국이 있다. 조지아에는 법적으로나 국제적으로 널리 인정받고 있지는 않지만, 사실상의 독립국인 압하스인들의 국가체인 압하지야 공화국(Республика Абхазия)과 북쪽 러시아연방의 북오세티야-알라니야 공화국과 같은 인도-유럽계 오세트인들이 주류를 이루는 남오세티야 공화국(Республика Южная Осетия)이 있다. 또한 나고르노-카라바흐 외에 아르메니아 남서부에는 이란과 접경한, 아제르바이잔의 고립영토(exclave) 나히체반 자치공화국(Нахичеванская Автономная Республика)이 있다.

1922년 12월 30일 러시아, 우크라이나, 벨라루스와 자캅카스8)가 함께 소비에트연방을 창건했는데, 당시에는 러시아인들 외에 비러시아계 주민들의 소련 창건에 대한 호응과 지원을 이끌어내는 것이 필수적이었다. 주민들의 소련 창건 지지와 참여를 위해 1917년 레닌이 "러시아 제 민족 권리 선언"9)을 주창했고, 이를 바탕으로 소련정부는 토착화(Коренизация)정책을 시행하기 시작했다. 이 토착화정책은 비러시아계 주민들을 해당 지역의 소비에트로 유인, 참여하고 지지하도록 한 것으로 토착민족 거주지역의 국가 및 당 기관운영을 해당 토착민족이 담당하게 만들기 위한 것이었다. 이들 기관의 모든 업무수행에서 해당 지역의 언어 사용을 가능하게 만들었고 이들 기관의 책임자도 해당 지역의 다수를 차지한 민족의 언어를 구사하도록 하고 지역 엘리트들을 소비에트와 공산당에 입당시키고자 했다.10) 이와 같은 토착화정책 중 언어에 관련된 것을 보다 자

---

8) 소련창건 당시 러시아, 우크라이나, 벨라루스의 공식 명칭은 각각 러시아 소비에트연방사회주의 공화국(РСФСР), 우크라이나 소비에트 공화국(УССР), 벨로루스 소비에트 공화국(БССР)이었다. 또한 1922년 3월 12일 그루지야(현재의 조지아)의 티플리스(현재의 트빌리시)에서 아르메니아, 아제르바이잔, 그루지야 소비에트 공화국의 중앙집행위원회 대표들이 회동하여 자캅카스 사회주의 소비에트 공화국 연방(Федеративный Союз Социалистических Советских Республик Закавказья, ФСССРЗ) 창설 조약을 체결했다. 이들이 함께 1922년 12월 30일 소비에트연방(소련)을 건국한 것이다. 자캅카스방 공화국은 1936년 12월 5일 소련헌법에 따라서 아르메니아, 아제르바이잔, 그루지야 소비에트 공화국으로 분리되었다.

9) 이 선언은 다음과 같은 원칙을 가지고 있었다.: 1. 러시아의 모든 민족의 평등과 주권; 2. 분리와 독립국가의 결성을 포함하는, 러시아 제 민족의 자유로운 자결권; 3. 모든 민족적, 종교적 특권과 제한의 폐지; 4. 러시아 영토 내 거주하는 민족적 소수의 자유로운 발전.

세하게 살펴보면, 공화국 토착주도민족어의 발전과 그 외 소수 민족어를 언어학적으로 완성하여 그 기능을 지원하고, 러시아어 외 해당 지역의 토착주민들의 언어를 행정, 사법 시스템에 도입하고, 이 언어로 교육하는 학교를 만들고, 러시아를 비롯한 세계문학을 지역어로 번역하고, 표기체를 갖지 못한 언어에 문자를 만들어 주어 문맹을 퇴치하는 것 등이 있었는데 결국 러시아어를 제외한, 각 지역의 소수 민족어를 인정, 표준화하고, 그 사용을 허용하고 발전을 지원하는 것이었다.

그러나 레닌 사후 1930년대 들어 스탈린이 레닌의 선언 원칙과 토착화정책 방향을 수정하여 러시아화(Русификация) 정책을 펴기 시작했는데, 특히 모든 공공업무와 정치 및 사회활동에서 러시아어가 유일한 공용어의 역할을 수행하게 만들고 소수민족 출신이 다니는 초·중등학교에서 러시아어교육을 강화하고, 대학교와 같은 고등교육기관에서도 러시아어를 교육언어로 만들었다. 그러나 러시아화 정책이 소련 전역에서 균일하게 시행된 것은 아니었는데11), 특히 남캅카스의 아르메니아,

---

10) 예를 들어, 러시아인들이 담당했던 지역의 통치기관 주체를 지역주민의 자치정부로 전환하는 것이 토착화의 뚜렷한 과정으로, 각각의 공화국에서는 우크라이나화(Украинизация), 벨라루스화(Белорусизация), 카자흐화(Казахизация) 등으로 불렸다.

11) 러시아화 정책은 소련이 해체될 때까지 계속되었고, 특히 슬라브어권인 우크라이나와 벨라루스에서 그 정도가 심하여 러시아어가 특권적인 지위를 가지게 되었다. 이에 비해 남캅카스 러시아어가 민족어를 대체하지는 못했고, 오히려 민족어가 언어적, 문화적으로 부활하고 있었다. (G. Hogan-Burn & S. Melnyk 2012: 593).

그루지야에서는 다른 지역보다도 러시아화 정책이 유연하게 실시되어 토착주도민족과 모어에 더욱 많은 자율권을 부여했다. 예를 들면, 1936년 스탈린헌법에 따라 1938년에 제정한 아르메니아와 그루지야 헌법에서는 각각의 토착주도민족어를 공화국 내의 국어로 규정할 정도였다.12)

그렇지만 러시아화 정책이 점차 강화되면서 아르메니아인들과 그루지야인들까지 자신들의 공화국 내에서도 러시아어가 모어보다 우위에 있다고 인식하게 만든 것이 1977년 10월의 소련 신헌법 초안이었다.13) 신헌법 초안에서는 아르메니아어, 그루지야어가 가졌던 공화국 내 국어 지위를 박탈한다는 조항이 들어가 있었다. 이 신헌법 초안에 기반을 둔, 1978년 아르메니아와 그루지야의 공화국 신헌법의 채택 과정

---

12) Этапы конституционно-правового регулирования использования языков в советский период. https://hghltd.yandex.net/yandbtm?lang=ru&fmode=inject&tm=1556161298&tld=ru&la=1555309696&text=%D0%BA%D0%BE%D0%BD%D1%81%D1%82%D0%B8%D1%82%D1%83%D1%86%D0%B8%D1%8F%20%D0%B0%D1%80%D0%BC%D1%8F%D0%BD%D1%81%D0%BA%D0%BE%D0%B9%20%D1%81%D1%81%D1%80%201937%20%D1%8F%D0%B7%D1%8B%D0%BA&url=https%3A%2F%2Fsuperinf.ru%2Fview_helpstud.php%3Fid%3D788&l10n=ru&mime=html&sign=4fc9ac06fdb538717d9f37e70222e188&keyno=0.

13) Конституция(Основной Закон) СССР принята на внеочередной седьмой сессии Верховного Совета СССР девятого созыва 7 октября 1977 г. http://www.hist.msu.ru/ER/Etext/cnst1977.htm#ii.

에서 토착주도민족 출신 주민들의 저항이 발생하였고14) 다시 본래의 아르메니아어와 그루지야어의 국어 지위가 회복되었다.15) 그렇지만 이들 두 공화국에서는 소련의 나머지 지역과 마찬가지로 러시아어의 공용어 지위, 즉 민족 간 의사 소통어로서의 역할은 여전히 유지되었다.

소련정부가 두 공화국의 토착주도민족어를 공화국의 국어로 용인해 준 것은 첫째, 두 공화국은 인접한 아제르바이잔과 더불어 중앙아시아 5개국에 비해 토착주도민족이 압도적 다수를 차지하고, 상대적으로 오랜 역사와 전통, 확고한 민족정체성을 가지고 있었고, 모어의 표준화도 일찍이 확립되어 있었으며 두 나라 모두 고유한 문자를 보유하고 문헌 전통도 깊었기 때문이라는 점이다.

둘째, 두 공화국은 러시아에 병합될 당시 이미 상당한 경제·사회 발전을 이루고 있었기에 경제발전을 이유로 러시아어 사용자들이 많이 이주하지는 않았기 때문이었다.

---

14) 이들 3국에서는 당시 국어규정 조항이 누락되자, 그루지야의 트빌리시에서 4월 14일 수천 명이 항의 시위를 벌였고 아르메니아에서는 민족주의 인텔리들이 분노하여 당시 아르메니아 당 지도자 데미르찬이 상황의 어려움을 모스크바에 보고했을 정도였다. 정옥경 역, 러시아 민족문제의 역사. p.303.

15) 1978년 아르메니아 신헌법 72조를 보면, 아르메니아어가 공화국의 국어이다. Статья 72. Государственным языком Армянской Советской Социалистической Республики является армянский язык. Конституция Армянской ССР. http://nodussr.ru/konstituciya-armyanskoj-ssr.

셋째, 두 공화국이 위치한 남캅카스를 포함한 캅카스 전역은 수많은 언어가 집적되어있는 지역16)으로 소련정부로서도 아르메니아어와 그루지야어가 해당 지역의 민족 간 의사소통어가 되게끔 용인했기 때문이다.17)

러시아어는 법적인 규정은 없었지만, 사실상 범 연방적인 지위를 가지고 있었고 각 공화국 토착주도민족 언어들보다 더 우월한 기능을 가졌는데, 토착주도민족이나 소수민족 출신들은 자신의 모어와 더불어 러시아어를 구사할 수 있어야 했다. 이는 모어와 러시아어를 잘 구사하는 완전 또는 부분적인 이중언어사용을 초래하여 두 공화국도 이중언어사용 지역이 되었지만 이들 공화국에 거주하는 러시아인들은 해당 공화국 국어를 비롯한 소수민족어를 배우려 하지도, 사용할 필요가 없었다.

러시아어의 사용영역 확장은 러시아어교육에 관한 법의 시행에 의

---

16) 캅카스에는 이 지역 고유의 북서캅카스어족(압하스-아드그어가 대표적), 남캅카스어족(카르트벨어=조지아어가 대표적), 동남 캅카스어족(나흐-다게스탄어가 대표적)외에도 인도유럽어족에 속하는 아르메니아어, 이란어(오세트어, 탈르쉬어, 타트어, 쿠르드어가 대표적), 그리스어(폰티어), 슬라브어(러시아어, 우크라이나어), 알타이어족에 속하는 투르크어(터키어, 아제리어, 투르흐멘어, 카라차이-발카르어, 쿠므크어, 노가이어가 대표적), 몽골어(칼므크어), 셈어족에 속하는 노보아람어 등이 있다.

17) 특히 캅카스 고유어족인 카르트벨어 중에서 표준어로 일찍이 확립된 그루지야어에 해당 지역의 민족 간 의사소통어 기능을 부여하는 것이 훨씬 수월했을 것이다.

해 본격적으로 이루어졌다. 스탈린 집권 당시인 1938년 3월 13일 "민족공화국과 주 단위 학교에서의 러시아어 의무교육법"(Постановление "Об обязательномизучении русского языка в школах национальных республик и областей")을 채택하여, 러시아를 비롯한 모든 연방공화국, 자치공화국과 자치주의 비 러시아어학교에서도 러시아어 교육을 의무화하고 토착주도민족어를 비롯한 소수민족어의 기능과 영역을 제한하도록 했다. 비록 민족어의 학습을 중단시키지는 않았지만 그 사용영역을 최소화했는데, 이는 소수민족의 역사, 문화, 전통의 교육 중단을 초래하였고 언어와 문학 교육은 형식적으로 되었다.18)

이후 흐루쇼프 집권 시기에는 스탈린시기보다는 어느 정도 완화된 언어정책이 시행되었다. 1958년 12월 25일 채택한 교육 관련법 "학교와 실생활 교류 강화법"(Закон "Об укреплении связи школы с жизнью

---

18) 이 법에서는 민족 공화국과 민족 주 학교에서의 교육과목으로서의 러시아어 교육필요성을 다음과 같이 세 이유를 들고 있었다.: 첫째, 다민족국가인 소련에서는 러시아어를 아는 것이 앞으로의 경제적, 문화적 성장을 촉진시켜주는, 소련의 제 민족 간 교류와 의사소통의 강력한 수단이다. 둘째, 러시아어 구사는 과학 및 기술 지식 영역의 민족 인적자원을 앞으로 완성하는데 도움을 줄 것이다. 셋째, 러시아어를 아는 것은 노-농 붉은 육군과 해군함대에서 소련인민들의 성공적인 복무에 필요한 조건을 보장한다.〈 … 〉. ПОСТАНОВЛЕНИЕ №324 ОБ ОБЯЗАТЕЛЬНОМ ИЗУЧЕНИИ РУССКОГО ЯЗЫКА. https://ochagsamara.wordpress.com/2017/03/13/%D0%BF%D0%BE%D1%81%D1%82%D0%B0%D0%BD%D0%BE%D0%B2%D0%BB%D0%B5%D0%BD%D0%B8%D0%B5-%E2%84%96324-%D0%BE%D0%B1-%D0%BE%D0%B1%D1%8F%D0%B7%D0%B0%D1%82%D0%B5%D0%BB%D1%8C%D0%BD%D0%BE%D0%BC-%D0%B8%D0%B7%D1%83/ (검색일: 2019.03.08.)

и о дальнейшем развитии системы народного образования в ССС Р")19)과 이의 기반인 연방헌법 121조는 '소련인민은 학교에서 모어로 교육 받을 수 있는 권리를 가진다.'고 밝히고 있다.20) 이는 학교에서 지역주민의 모어를 교육언어로 선택할 수 있는 자유를 보장하는 것으로서 민족 간 안정과 화합을 도모하고 성공적인 소비에트화를 위한 것이지만, 이는 형식적으로만 언어적 다양성을 보장하는 것으로 단기간의 현상일 뿐이었다.

이후 브레즈네프 시기인 1972년 6월 20일에 채택한 "청소년의 일반중등교육 전환 완성과 초등학교 발전 법령"(Постановление "О завершении перехода ко всеобщему среднему образованию молодёжи и дальнейшем развитии общеобразовательной школы")21)이 채택되었는데, 이를 기반으로 초등학교부터 토착주도민족을 비롯한 소수민족의 모어교육의 개선을 도모하면서 동시에 러시아어교육 강화를 본격적으로 추진하게 되었다. 즉 스탈린시기는 막 확립되기 시작한 러시아어-모어 이중 언어사

---

19) 이 법의 전문에는 '레닌의 민족정책의 철저한 이행 덕분에 소련의 모든 인민은 모어로 교육하는 학교를 가지고 있다…'고 나온다(http://www.libussr.ru/ doc_ussr/usr_5337.htm)

20) 121조. 소련 인민은 교육 받을 권리를 가진다. 이 권리는 …학교에서의 모어로서의 교육에 의해 보장받고 있다…

21) http://www.economics.kiev.ua/download/ZakonySSSR/data03/tex14777.htm 에 전문이 나오는데, 이의 3조는 민족학교에서 러시아어와 모어의 교육을 개선한다고 되어 있다.

용에 중점을 두어 사회-경제 개혁의 중앙집권적 통제를 강화시켰다면, 이때부터는 교육체계의 개혁을 통해 러시아어 과목의 중점적인 교육과 교육언어로서의 전 방위적 러시아어교육에 중점 목표를 두게 되었다.

2. 독립이후의 아르메니아와 아제르바이잔의 언어정책

나고르노-카라바흐가 속했던 아제르바이잔과 아르메니아의 언어정책을 살펴봄으로써 지역의 언어상황을 간접적으로나마 알 수 있다.

1991년 12월 소련해체 이전에 이미 아제르바이잔과 아르메니아는 모두 언어관련 법령을 제정하여 형식적으로 규정되어있던 국어를 공화국의 유일한 국어로 그 지위를 향상시키고 사실상의 공용어, 민족 간 의사소통어의 역할을 하고 있던 러시아어의 지위를 박탈하고 사용영역을 축소하거나 제거하는 정책을 추진하기 시작했다.

소련 해체 3개월 전인 1991년 9월 21일 독립한 아르메니아는 1993년 언어법22)과 1995년 헌법23)을 통해 아르메니아어를 국어로 정하고

---

22) Закон Армении "О языке". http://www.advertology.ru/index.php?name= Subjects&pageid=293. (검색일. 2015.11.29.). 여기에는 중요한 부분만 나온다. U.S. English Foundation Research. ARMENIA에는 영어로 번역된 언어법이 나온다. http://www. usefoundation.org/view/681.

23) Конституция Республики Армения. http://constitutions.ru/?p=204.

러시아어에 대해서는 전혀 언급하고 있지 않다.

1993년에 채택한 언어법(Закон "О языке")은 아르메니아 공화국 언어정책의 원칙을 정하고 언어지위와 정부와 행정, 기업, 기관들 간의 언어 관계를 통제하고 있다.

1조. 언어 분야의 정책

공화국의 국어는 공화국의 모든 활동 영역에서 사용하는 아르메니아어이다. 공화국의 공식어는 표준아르메니아어이다.
공화국은 해외에 거주하는 아르메니아인들의 아르메니아 보전과 확산을 지원한다.
공화국은 아르메니아어 정자법 통일을 지원한다. 공화국은 국내에서 민족적 소수 언어들의 사용을 보장한다.

이 언어법에서는 국어인 아르메니아어와 공식어인 표준아르메니아어를 명확하게 구분하고 있으며 위에서 본 봐와 같이 공화국 주민들과 나고르노-카라바흐 동포들과 해외 디아스포라[24]를 모두 포용하려는

---

24) 디아스포라(diaspora, 離散)의 원래 개념 자체는 역사적으로 출신국가 밖의 민족공동체를 나타내는 것이었지만, 현재는 출신국가 밖에 거주하며 해당 거주 국가에서 결속력을 가지고 있는 영주 그룹으로, 자신의 정체성과 공통성을 유지, 발전시키기 위한 사회제도를 가지고 있는 주민들을 말한다. 해외에 있는 아르메니아인들, 즉 아르메니아인 디아스포라의 수는 약 500만 명까지 추정, 아르메니아 본토보다 디아스포라가 훨씬 더 많은 것이 특징이다. 본토

정부의 의지를 반영한 것이다.

1995년 헌법에서도 아르메니아어를 국어로 규정했다.

12조.

아르메니아 공화국의 국어는 아르메니아어이다.

그러나 헌법의 11조에서 디아스포라, 즉 동포들과의 관계를 정하면서, 2항에서는 다음과 같이 아르메니아의 민족정체성을 보전하고 모든 아르메니아민족 출신의 연결고리로서의 교육과 문화의 중요성을 기술하고 있다.;

2,961,801명(2011년) 외에 다음과 같은 국가에 디아스포라가 분포해 있다: 러시아연방 1,182,388명(2010년, 250만 명까지 추정), 프랑스 80만 명(추정), 미국 483,366명 (2010년, 150만 명까지 추정), 터키 45~49만 명, 조지아 248,929명(2002년, 압하지야와 남오세티아는 제외), 시리아: 10만 명~19만 명(추정), 이란 15만 명(2000년 추정) 또는 102,000명(2014년 추정), 레바논 14만 명(추정), 아르싸흐 137,380명(2005년), 아르헨티나 13만 명(추정), 우크라이나 10만 명(2001년), 폴란드 1,082명(2002년) 또는 92,000명 (추정), 캐나다 50,500명(2006년, 10만 명까지 추정), 오스트레일리아 15,791명(2006년, 5만 명 추정), 우즈베키스탄 42,359명(2000년, 7만 명 추정), 독일 42,000명(추정), 압하지야 41,864명(2011년), 브라질 4만 명(추정), 스페인 4만 명(추정), 그리스 35,000명(추정), 투르크메니스탄 32,000명~34,000명(2004년 추정), 카자흐스탄 25,000명(추정), 이스라엘 2만 명(추정), 이라크 2만 명(추정), 우루과이 19,000명(추정), 영국 18,000명(추정), 헝가리 15,000명(추정), 불가리아 10,831명(2001년, 3만 명 추정), 벨라루스 10,191명 (1999년, 25,000명 추정), 벨기에 1만 명(2003년 추정), 체코 1만 명(추정), 요르단 3,000명~ 4,800명(추정), 라트비아 2,700명(2010년 추정).

11조. 2항.

아르메니아 공화국은 국제법의 원칙과 규범을 따라 아르메니아인 디
아스포라와의 연대 강화, 타국에 위치하는 아르메니아의 역사적, 문화
적 가치의 보전, 아르메니아 교육과 문화 활동을 지원한다.

이와 같은 교포들과의 연대 강화, 아르메니아 교육과 문화 활동의 지
원은 터키와 서방에서 거주하는 아르메니아인들뿐만 아니라 나고르노-
카라바흐의 동포들을 지원하려는 정부의 의지를 드러내 보이는 것이다.
아르메니아어는 동 아르메니아문어25)와 서 아르메니아문어26)로 분
기되었는데, 아르메니아 정부는 언어법 제정과 함께 이들 동·서 아르메
니아문어를 모두 아우르는 아르메니아어를 국어로 정했다. 실제로는 수
도 예레반 방언이 공화국의 국어(표준어)로서 기능하고 있지만 구어적,
지역적 속성을 가진다는 점을 이유로 들어 중립적인 뉘앙스를 띄는 아
르메니아문어를 표준어이자 공식어로 정한 것이다. 그 외의 다른 조항
에서 공식어인 아르메니아문어가 아닌 국어인 아르메니아어라는 용어
를 사용하는 것은 국내외 아르메니아인들이 사용하는 언어(речь, 즉

---

25) 현재의 아르메니아 공화국 국민과 나고르노-카라바흐 주민, 이란의 아르메니아인 디아스포
라가 사용한다.
26) 터키를 비롯한 유럽과 미국 등 서방의 아르메니아인 디아스포라가 사용한다.

parole)를 포괄하겠다는 것으로 아르메니아가 이들 변이형들을 통합하는 주체가 되겠다는 의지를 표방한 것이다.

또 한편으로, 이 언어법의 채택은 소련시기 약 70년 동안 아르메니아어와 러시아어가 각각 공화국의 국어와 공용어로서 공존했다는 사실을 공식적으로 부정하고 이런 이중언어사용 상황을 바로 잡는 가장 분명한 최선의 방법이었을 것이다.[27]

소비에트 당시 나고르노-카르바흐 자치주를 통치한 아제르바이잔은 중앙아시아를 포함한 6개 무슬림 연방공화국 중에서 1989년 9월 최초로 주권을 선언하고 1991년 10월 5일 마침내 독립할 수 있었다. 아제리인들의 모어에 대한 관심은 이미 1988년 8월에 창립된 카이그(Kajgy)[28]라는 단체가 아제리어문학을 더 많이 연구함으로써 젊은층을 포함한 공동체 전체에 아제리어를 대중화시키자는 여론을 환기시켰고, 1989년 8월에 "언어법"(Постановление "О языке")을 채택하게끔 만들었다. 비록 당시 아제리어와 러시아어의 이중언어사용과 같은 중앙정부의 러시아어 우선정책을 용인할 수밖에 없었지만 독립 이후 얼마 지나지 않아

---

27) 1930년 12월 9일의 아르메니아 공화국 내 아르메니아어의 국어인정선언(Декрет "О признании территории республики армянского языка государственным") 이 채택되었고, 1978년 소련 신헌법에 따라 개정된 아르메니아 소비에트 공화국 헌법에서도 아르메니아어가 국어의 명칭을 부여받았지만 러시아어는 소련 전역에서 민족 간 의사소통수단이자 사실상의 공식어였다.

28) 러시아어로 забота(배려, 고려)의 의미이다.

강력한 아제리어 우선정책을 펴기 시작했다.

독립 초기인 1992년 초대 대통령 무탈리보프(A. Муталибов)는 러시아어에 대해 유연한 정책을 시행했지만 2대 대통령 엘치베이(A. Эльчибей)는 아제리어와 터키어의 동질성과 아제리어의 중요성을 강조했다. 3대 대통령 알리에프(Г. Алиев)도 전임대통령과 마찬가지로 아제리어의 우월성을 선언했지만 공화국 내에 거주하는 모든 민족어를 인정하고 러시아어가 가진 지위와 그 사용영역 보전을 용인했다. 즉 대통령은 아제리인 대부분이 모어-러시아어 이중언어사용자로서 어떤 외국어보다도 러시아어를 선호하고, 단기간 내에 러시아어를 배제하는 것은 불가능하다는 사실을 인정하고 사회활동과 매스컴, 학교 교육에서 러시아어를 계속 사용하도록 주장했다.

그렇지만 독립 이후 채택한, 헌법29)과 국어법30)에서는 아제리어를 국어로 규정하고 소수민족어의 자유로운 사용과 발전을 보장하고 있지만 아르메니아와 마찬가지로 러시아어에 대해서는 언급하지 않고 없다.

---

29) Конституция Азербайджанской Республики. http://base.spinform.ru/show_doc. fwx?rgn=2618.

30) Закон "О государственном языке в Азербайджанской Республике." http://base.spinform.ru/show_doc.fwx?rgn=3644. 그러나 1992년 언어법에서는 아제리어를 터키어와 같다고 보았지만, 국어법에서는 아제리어를 터키어와는 다른 독자적인 언어로 선언하고 있다.

3. 양국의 러시아어에 대한 입장

인접국 아제르바이잔, 조지아와는 달리 아르메니아에서는 러시아어의 지위가 향상되고 교육시스템에서도 러시아어 의무교육이 시행되고 있는 등 러시아어에 대한 관심과 중요성이 다시 부활했다. 즉 1991~1995년의 혼란기에 공화국에서는 언어법 채택을 전후로 러시아어 배제 정책이 전개되었는데, 이 정책은 아르메니아인들만의 단일민족국가 창건이라는 정치적 목표를 달성하려는 것으로 정부와 주민들 사이, 토착주도민족과 러시아인들을 포함한 러시아어 사용, 소수민족 사이의 분열과 국가적 혼란 등 막대한 해를 끼쳤다.

결국 러시아어 사용자들의 저항과 1991~1994년 아제르바이잔과의 전쟁으로 인한 안보 불안 등이 1990년대 말 친러시아 상황으로 회귀하도록 했다. 즉 1997년 8월 29일 "공화국과 러시아연방 간의 우호, 협력 및 상호원조 조약"(Договор "о дружбе, сотрудничестве и взаимной помощи между Республикой Армения и Российской Федерацией")31)이 체결되

---

31) Договор "о дружбе, сотрудничестве и взаимной помощи между Российской Федерацией и Республикой Армения." http://docs.cntd.ru/document/8306 454. 이 조약의 16조의 내용을 보면 다음과 같다: 러시아인과 아르메니아민족의 상호관계에서 역사적으로 형성된 러시아어의 역할을 고려하여 아르메니아는 공화국 교육시스템에서 러시아어 심화학습을 위한 조건을 만든다. 러시아는 러시아연방에서 아르메니아어의 학습수요를 충족시키는 조건을 만들어 준다.

어 양국관계가 정상화되었고 1999년 9월 16일 정부가 채택한 국가 개념 "공화국 교육시스템과 사회·문화 활동에서의 러시아어"(Государственная концепция "Русский язык в системе образования и культурно-общест венной жизни PA" N.48)를 채택하여 러시아어에 우호적으로 반응하였다. 이 개념에서는 러시아어를 교육함으로써 여러 다른 민족들 간의 문화적 가치의 교류뿐 아니라 이들 민족 자신들의 문화적 가치를 보다 심도 있게 이해할 수 있게 해준다는 것을 상세히 밝히고 있다.32) 이 국가 개념에 따라 52개 학교의 1학년부터 러시아어 심화교육 특별프로그램(주당 4~6시간)이, 그 외 5개교에서는 이 특별 프로그램과 교과서를 이용하여 영어~ 러시아어 이중언어사용 교육을 실시하게 되었다. 특히 중학교에서는 공화국과 러시아에서 출간한 교과서와 참고서적을 병용하고 7, 8학년은 러시아의 역사와 문화를 배우고 러시아어를 필수외국어과목으로서 주당 3시간 교육하고 있다.33)

---

32) Armenia. U.S. English Foundation Research. http://www.usefoundation.org/view/681.

33) 그러나 국가 개념의 채택에 앞서 이미 1995년부터 아르메니아어학교에서는 러시아어가 필수 과목으로 초등학교(2~4학년)에서는 주당 4시간, 중학교(5~8학년)에서는 주당 3시간, 고등학 교(9~10학년)에서는 주당 2시간 교육하고 있었는데, 국가 개념이 채택됨으로써 보다 강화된 러시아어 교육이 가능해졌다. Доклад МИД РФ "Русский язык в мире", Москва, 2003 год. http://www.mid.ru/Brp_4.nsf/arh/B6BE784B3E2ABD1343256DF80 03AC21C.

2012년부터 러시아어는 영어, 불어, 스페인어, 이탈리아어, 페르시아어와 더불어 고등학교 졸업시험이자 대학교 입학시험인 "단일 국가시험"(Единый Государственный Экзамен)의 외국어 과목에 포함되기도 했다.

아제르바이잔의 경우도 아르메니아처럼 러시아인의 수가 극히 적어 총 인구 980만 명 중 러시아인은 12만 명 정도이지만 유대인, 레즈그인, 탈르쉬인, 아르메니아인, 우크라이나인 등은 주로 러시아어를 사용한다.

러시아어는 1998년부터 아제리어학교에서 외국어의 하나로 전락했고, 2002년부터 선택과목이 되었다. 2002년부터 대통령령(Указ "О государственном языке")에 따라 모든 공공업무가 아제리어로 완전히 전환되었고 2007년부터 러시아어 방송의 직접 중계도 금지되었는데, 나고르노-카라바흐 문제에 대해 러시아가 아르메니아를 지원했다는데 그 원인이 있는 것으로 보인다.

아제르바이잔은 1939년부터 라틴문자를 대체하여 사용해온 러시아(키릴)문자를 2001년 8월 1일부터 변형된 라틴문자로 교체하여 아제리어 공식표기체로 확립했는데, 이는 우즈베키스탄, 투르크메니스탄보다도 앞선 행위였다.

전체적으로 아제리인의 50~70%가 러시아어를 잘 알고 구사하지만, 나고르노-카라바흐 분쟁 이후 러시아인과 러시아어에 대한 차별이 증가하고 있는데 반해 터키와는 민족적, 언어적 유대감을 느끼고 있다. 이와 함께 세계어로서의 영어의 유입으로 러시아어의 지위는 하락하고 사용영역도 축소되고 있는 이는 앞으로도 더 심화될 것임이 분명하다.

4. 나고르노-카라바흐의 개황

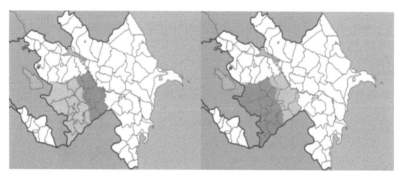

〈그림 1〉 평지 카라바흐
Равнинный Карабах

산악 카라바흐
Нагорный Карабах

나고르노-카라바흐는 남캅카스의 동부지역을 일컫는 카라바흐의 일부로서, 카라바흐 서부의 산악 지역을 일컫는 명칭이고 동부는 평지 카라바흐(Равнинный Карабах)라 부른다.

카라바흐는 16~18세기 중반까지 페르시아 사파비 왕조의 휘하의 영토였지만, 저지대와 산기슭은 이슬람 칸이, 산지는 아르메니아귀족이 지배하고 있었다.[34] 이후 18세기 중반 19세기 초에 카라바흐 칸국이

---

34) 원래의 나고르노-카라바흐를 지배했던 아르메니아귀족들 간의 반목으로 처음으로 투르크통

창건되었지만 1813년 러시아제국에 완전 병합되었다.[35]

그러나 아르메니아와 아제르바이잔이 소비에트화되고 1921년 7월 4일 캅카스 지역공산당 최고위원회가 카라바흐를 아르메니아에 포함시키기로 했지만 다음날 이를 뒤엎고 러시아 공산당 중앙위원회가 아제르바이잔에 편입하기로 결정함으로써 현재의 분규 원인을 촉발시켰다. 1923년 7월 7일 아르메니아인들이 다수 거주하던 산지 카라바흐 지역에 아제르바이잔 공화국 소속의 나고르노-카라바흐의 자치주(Автономная

치자의 지배하에 들어가면서 18세기 중반부터 아르메니아인 주민들이 대거 탈출, 반대로 투르크인들이 유입되었다.

35) 1845년 러시아당국의 세원 조사에 따르면, 카라바흐 전체에서는 아제리인들이 2/3에서 다수를 차지했지만 산악 지역은 아르메니아인들이 절대다수였다. 또한, 당시 러시아는 오스만제국과 종교적, 언어적 유대 관계를 공유한 아제리인들보다 같은 기독교 신자들인 아르메니아인들을 더 선호했다. 19세기에 펼친 러시아의 아르메니아인 우대 정책에 따라 평지 카라바흐에서도 아르메니아인들의 수가 꾸준히 증가했는데, 많은 무슬림들이 이란과 터키로 떠났다는 것에도 기인한다. 1897년에 들자 카라바흐의 민족분포는 아르메니아인 43%, 아제리인 55%로 거의 비슷해졌고, 두 민족 간 긴장도 커져 결국 1905년 러시아 1차 혁명의 혼란 속에서 민족분규로 표출되었다. 당시 수천 명의 아제리인과 아르메니아인들이 지역의 주요 도시에서 상대방에게 학살을 자행했다. 이러한 학살은 1917년 러시아제국의 붕괴 이후 훨씬 더 큰 규모로 발생했다. 러시아 혁명의 혼란기인 1918년에 독립을 선언한 아제르바이잔이 카라바흐에 대한 영유권을 주장하자 아르메니아인들이 다수를 차지한 나고르노-카라바흐 지역이 이에 저항했다. 당시 이 지역에 주둔한 영국군은 아제르바이잔을 지원하면서 소련의 영향권에서 벗어나게 하여 바쿠의 석유를 얻으려 했다. 그러나 이런 아제리인들과 영국의 포위망을 두려워한 카라바흐의 아르메니아인들이 1920년 아제르바이잔 수비대를 공격했고, 아제리인들이 이를 진압하기 위해 나고르노-카라바흐의 가장 큰 도시인 슈샤(Шуша)의 아르메니아인 지역을 완전히 파괴하며 수천 명의 아르메니아인 민간인들을 학살했다. Nagorno-Karabakh: The Volatile Core of the South Caucasus. https://geohistory.today/nagorno-karabakh/.

Область Нагорного Карабаха, Autonomous Region of Nagorno-Karabakh)가 만들어졌다가 1937년 나고르노-카라바흐 자치주(Нагорно-Карабахская Автономная Область, Nagorno-Karabakh Autonomous Region)로 개명되었다.

소련 당시 자치주의 면적은 4,400㎢, 인구는 189,100명(1989년 소련 인구센서스)이었고, 아르메니아인 약 77%, 아제리인 약 21.5%의 민족분포를 보였다.

아제르바이잔의 자치주로서 나고르노-카라바흐의 지위는 1936년과 1977년 소비에트헌법에 의해 규정되어 있었고 1981년 6월 16일 아제르바이잔도 나고르노-카라바흐 자치주 법으로써 지위를 정해 놓았다. 이 자치주는 민족 영토단위로서의 행정 자치 형태를 갖추었고 실제로도 주민들의 특정 요구가 충족되도록 하는 많은 권리를 보유하고 있었다. 또한 이 자치주는 소련최고소비에트 민족위원회에 5명의 대표를 보유하도록 소련 헌법이 보장하고 있었고, 아제르바이잔 공화국 최고소비에트에서는 12명이 자치주를 대표했다.36)

그러나 1980년대 말 소련의 해체가 시작되는 과정에서 이 지역에 대한 문제가 다시 대두되었다. 아르메니아계 주민들이 아제르바이잔 정부

---

36) 그러나 당시 아르메니아계 주민들은 아제르바이잔 정부가 자신들과 아르메니아본국과의 유대를 단절시키기 위해 아제리인들을 이주시키고 아르메니아인들을 탄압하고 경제적 요구를 무시한다고 분노했다. (Rasizade, A. 2011: 5).

를 공개적으로 비판하며 아제리인들에 대한 인종청소를 감행했는데, 이는 아르메니아 본국 정부의 이념적, 물질적 지원을 받아 나고르노-카라바흐를 아제르바이잔에서 아르메니아로 빼내오기 위한 운동의 시작이었다.

1991년 9월 2일 나고르노-카라바흐의 약 20만 명 인구 중 23%의 아제리인에 비해 75%로 다수를 차지한 아르메니아계 주민들이 서쪽의 아르메니아 접경 샤우만(Шаумяновский)과 슈샤(Шушинский), 카샤타그(Кашатагский) 등 세 라이온과 합쳐 나고르노-카라바흐 공화국을 창건했다.37) 이 공화국의 면적은 약 11,500㎢로 커졌지만, 인구는 아제리인들이 쫓겨나 150,932명(2015년 추정)까지 줄었다.

---

37) 2017년 국명을 아르싸흐 공화국으로 바꾸었는데, 2006년 헌법과 2017년 헌법을 보면 국명에 관한 조항이 조금 다르다. 즉 2006년 헌법은 Конституция Нагорно-Карабахской Республики라는 명칭에, Статья 1. 1. Нагорно-Карабахская Республика — суверенное, демократическое, правовое, социальное государство. 2. Названия Нагорно-Карабахская Республика и Республика Арцах тождественны.라고 되어있지만 2017년 헌법은 Конституция Республики Арцах라는 명칭에 Статья 1. Республика Арцах. 1. Республика Арцах — суверенное, демократическое, правовое, социальное государство. 2. Названия Республика Арцах и Нагорно-Карабахская Республика тождественны.라고 기술되어 있다.

〈그림 2〉 나고르노-카라바흐 공화국

① 샤우먀노프(Шаумяновский)
② 마르타케르트(Мартакертский)
③ 아스케란(Аскеранский)
④ 마르투닌(Мартунинский)
⑤ 가드루트(Гадрутский)
⑥ 슈샤(Шушинский)
⑦ 카샤타그(Кашатагский)

〈그림 3〉 나고르노-카라바흐 공화국의
행정구역(라이언)

<표 1> 나고르노-카라바흐의 주요 민족분포(명, 비율)

	1926년	1939년	1959년	1970년	1979년	1989년	2005년
아르메니아인	111,694 89.24%	132,800 88.04%	110,053 84.39%	121,068 80.54%	123,076 75.89%	145,450 76.92%	137,380 99.7%
아제리인	12,592 10.06%	14,053 9.32%	17,995 13.80%	27,179 18.08%	37,264 22.98%	40,688 21.52%	6 0.005%
러시아인	596 0.48%	3,174 2.10%	1,790 1.37%	1,310 0.87%	1,265 0.78%	1,922 1.02%	171 0.1%
전체	125,159	150,837	130,406	150,313	162,181	189,085	137,737

5. 나고르노-카라바흐의 언어상황

나고르노-카라바흐 공화국에서 아르메니아어는 지역 주민 절대다수의 언어 수요를 반영하여 정부, 행정, 사법기관, 검찰뿐 아니라 학교교육에서 사용되었는데, 아제르바이잔 소속 자치주 지위 당시에도 지역 아르메니아어 TV·라디오방송, 신문과 잡지의 출판을 보장받았다. 즉 5개의 독립 정기간행물이 아르메니아어로 발행되고 있었다.

1988~1989학년에 나고르노-카라바흐에는 136개 일반교육기관에서 아르메니아어를 교육언어로 사용하고 있었고(학생 수 16,120명), 13개의 다민족학교(학생 수 7,045명)가 있었다.38) 아르메니아어와 러시아어로 교육하는 특별중등학교와 직업훈련기관도 수십 개교에 이르렀다.

앞에서와 본 봐와 같이 나고르노-카라바흐 공화국은 1991~1994년 아제르바이잔과의 전쟁 중 창건되었는데, 이 전쟁은 1994년 무조건 휴전 조약의 서명과 함께 일시 중단되었을 뿐 간헐적으로 전투가 벌어지다가 2020년 다시 무장병력 충돌이 일어난 것이다.

당시 자칭 아르싸흐 공화국은 독립국이라고 주장했지만 사실상 아르메니아의 일부였다. 이는 헌법의 여러 조항에서 확인할 수 있다(Конституция Республики Арцах 2017: 1~6):

> 전문: ...모국 아르메니아와 전 세계의 분포한 아르메니아 교포들의 아르싸흐 민중에 대한 지원 결정에 고무된..
>
> 15조. ..., 아르메니아어와 문화적 전통의 보호
>
> 아르메니아어와 문화적 전통은 국가의 후견과 보호 하에 있다.
>
> 18조. 아르메니아 사도 성 교회(정교회)
>
> 아르싸흐 공화국은 ... 아르메니아 민중 종교생활에서의 민족교회인 아르메니아 사도 성 교회의 절대적 사명을 인정한다.
>
> 19조. 아르메니아 공화국과 아르메니아인 디아스포라와의 교류
>
> 1. 아르싸흐 공화국은 아르메니아 공화국과 함께 심층적인 정치적, 경제적, 군사-정치적 협력과 전면적인 교류와 안전보장을 향하는 정책을 수행한다.

---

38) 이 당시 아제르바이잔에는 181개교의 아르메니아어학교(20,712명)와 29개 다민족학교(12,766명)가 있었는데, 나고르노-카라바흐에 집중되어 있음을 알 수 있다.

2. 아르싸흐 공화국은 아르메니아인 디아스포라와 함께 전면적인 교류의 발전, 아르메니아 정체성의 보전을 향하는 정책을 수행하고 본국 귀환을 촉진한다.

이 공화국은 아르메니아, 러시아연방을 포함한 UN회원국 어느 나라로부터도 인정받지 못했고 국제적으로 거의 인정받지 못하고 있는 半독립국 압하지야, 남오세티야, 프리드네스트로볘 3개국만과 외교관계를 맺고 있을 뿐이다.[39]

공화국은 1992년 1월 6일 독립선언에서 소수민족 존재를 인정하고 이들의 정치, 경제, 종교 활동을 보장하고 출신민족에 따른 어떠한 차별도 법적으로 금지하고 있다. 아르메니아어를 국어로 정하면서도 소수민족이 경제, 문화, 교육 영역에서 모어를 사용하는데 어떠한 제한도 받지 않을 권리를 인정하고는 있지만 러시아어에 대한 언급은 전혀 없다.[40]

---

39) UN회원국 중 러시아, 니카라과, 베네수엘라, 나우루, 시리아만이 압하지야와 남오세티야를 국가로 인정하고 있고 프리드네스트로볘는 UN회원국 중 어떤 나라로부터도 인정을 받지 못하고 오로지 압하지야, 남오세티야, 나고르노-카라바흐 공화국에게서만 인정받고 있을 뿐이다.

40) 소수민족은 국가의 보호 아래 있다. 공화국 국가조직은 소수민족이 완전한 정치적, 경제적, 정신적 활동에 참여할 가능성을 보장한다. 출신민족에 따른 어떠한 차별대우도 법적인 제재를 받는다. 공화국의 국어는 아르메니아어이다. 공화국은 소수민족이 아무 제한을 받지 않고 모어를 경제, 문화, 일반교육 영역에 사용할 권리를 인정한다. Декларация о государственной независимости Нагорно-Карабахской Республики. http://www.aniarc.am/2015/08/30/declaration-of-nkr-january-6-1992/.

다민족 사회인 이곳에서는 러시아어가 지금도 여전히 민족 간 의사소통어로 여기고 있으며41), 이 지역은 러시아어의 막강한 정보의 영향 하에 놓여있다(A. Нерсесян 2017: 127~128).

공화국 헌법에서 아르메니아어를 국어로 규정하고 주민들 사이에서 널리 통용되는 언어의 자유로운 사용을 보장하여 러시아어를 사실상 공용어로 간주하고 있다.42) 이는 1989년 소련의 마지막 인구센서스를 통해서도 확인된다.:

〈표 2〉 1989년 나고르노-카라바흐 자치주의 각 민족그룹의 외국어 지식

	L2 =아르메니아어	L2 =아제리어	L2 =러시아어
아르메니아인 145,450명	--	0.3%	55.2%
아제리인 40,688명	2.1%	--	22.5%
러시아인 1,922명	21.3%	3.1%	--
그 외 1,025명	12.1%	2.0%	57.1%

41) 공화국은 아르메니아계, 아제리계, 러시아계 외에 그리스계 22명(0.02%), 우크라이나계 21명(0.02%), 그루지야계 12명(0.01%), 그 외 소수민족 출신 125명(0.1%)의 분포를 보이는 다민족 공동체를 이루고 있다. 따라서 이들의 민족 간 의사소통어는 소련시기와 마찬가지로 러시아어이다. Постоянное население(городское и сельское) по возрасту и национальности.

42) 15조. 1. 공화국의 국어는 아르메니아어이다. 2. 공화국에서는 주민들 사이에 확장된 여타 언어의 자유로운 사용을 보장한다. Конституция Нагорно-Карабахской Республики. http://www.nkr.am/ru/constitution/9/.

〈표 2〉에서 보듯이, 각 민족은 자신의 모어 외에 가장 잘 구사할 수 있던 언어가 러시아어였는데, 상대적으로 러시아어 구사비율이 낮은 아제리인이 떠난 현재에도 다수의 아르메니아인이 러시아어를 구사할 수 있음을 추측할 수 있다.

공화국의 언어상황은 아르메니아와 거의 동일하다. 앞에서도 보았듯이 아르메니아의 독립 초기인 1991~1995년의 혼란기에 러시아어 배제 투쟁이 전개되었고, 이 투쟁은 아르메니아인 단일민족국가 창건이라는 정치적 목표를 달성하려는 극단적인 방법으로 시행되어 공화국과 주민들 간, 토착주도민족과 민족적 소수 사이의 분열과 저항, 국가적 혼란 등 막대한 해를 끼쳤다. 이는 러시아어 사용자들의 저항을 불러일으켰고 많은 수가 아르메니아를 떠났는데, 나고르노-카라바흐를 둘러싼 1차 카라바흐 전쟁에서의 러시아연방의 아르메니아 지원으로 (러시아인의 시각에서 볼 때) 결국 90년대 말 친 러시아어 경향으로 돌아섰다.

이런 친 러시아로의 변화 과정에서 1999년의 국가 개념 '공화국 교육 시스템과 사회·문화 활동에서의 러시아어' 채택으로 러시아어 심화교육 특별프로그램(주당 4~6시간)을 시행하고 중학교에서는 공화국과 러시아에서 출간한 교과서와 참고서적을 병용하고 7, 8학년은 러시아의 역사와 문학을 수학하고 있으며 러시아어가 필수외국어과목으로 주당 3시간 교육하고 있다.

현재 공화국에는 러시아인들을 포함한 슬라브계가 1천 명 정도 거주하고 있다고 추정, 아제르바이잔과의 전쟁 전 10개의 러시아어학교는 지금은 1개교로 줄었다.

그러나 공화국 모든 고등교육기관(вуз), 중등 특수 및 일반교육기관에서 러시아어가 필수교과목이었다.

즉 중등학교에서 러시아어는 영어, 불어, 독어와 더불어 외국어로 교육되고 있고 전체 교육과정에서도 러시아어가 여타 외국어와 형식적으로는 동등하지만 러시아어를 가장 큰 정보 원천으로 간주하여 TV방송은 대부분 러시아어 채널을 중계하고, 러시아어로 된 전문 프로그램을 송출하고 있다.

또한, 공화국 대부분 주민들이 러시아어를 자유로이 구사한다. 2007년에는 '모든 교육기관에서의 러시아어와 외국어 교수 수준 향상 결정'(Решение "о повышении уровня преподавания русского и иностранных языков во всех учебных заведениях")을 채택했는데, 이는 공화국과 러시아의 전통적인 유대뿐만 아니라 양국 교육시스템의 실제적인 동질성으로 러시아어에 특별한 관심에 기인한 것이었다.

교육자들은 러시아에서 출간된 학술, 방법론 문헌을 교육에 이용하고 유일한 국립대학인 아르싸흐 대학교(Арцахский государственный университет)와 러시아의 명문 교육기관들과의 협력에도 많은 노력을 기울이고 있었다.

〈사진 1〉 아르메니아어, 러시아어, 영어로 표기된 도로표지판

〈사진 2〉 아르메니아어, 러시아어, 영어로 표기된 상점 간판

〈사진 3〉 러시아어로 표기된 상점 간판

〈사진 4〉 러시아어로 표기된 주유소 가격표

또한 공화국에서는 2007년을 "러시아어의 해"(Год русского языка)로 공표하여 모든 학교에서 러시아어, 키릴문자, 러시아문화를 알리는 조치를 시행했다.

6. 2차 카라바흐 전쟁

그렇지만 2020년 11월 2차 카라바흐 전쟁의 휴전과 더불어 작은 아르메니아, 즉 아르싸흐 공화국은 사라졌다. 2020년 7월 12일 나고르노-카라바흐 공화국과 아제르바이잔 국경에서 충돌이 시작되어 약 1주일간 간헐적인 충돌이 계속되어 아르메니아 4명, 아제르바이잔 12명의 군인이 피해를 입었다.[43]

이후 9월 27일 전투가 활발해져 1994년 이래 가장 규모가 큰 유혈충돌이 일어났다. 이에 아르메니아에서는 전시상황과 총동원령 선포되었고 아제르바이잔에서도 전시상황과 부분적 동원령이 선포되었다.

이 전쟁에서 아제르바이잔 군이 나고르노-카라바흐 공화국 영토였던 가드루트44), 피줄린(Физулинский)45), 잔겔란(Зангеланский)46), 쿠바틀리(Кубатлинский)47) 라이온을 빼앗았고, 가드루트(Гадрут)와 전략적으로 중요한 도시 슈샤(Шуша)를 포함한 호쟈벤드(Ходжавендский)48), 호쟐리(Ходжалинский)49), 슈샤(Шушинский) 라이온 일부도 장악했

---

43) 보다 자세한 내용은 Вооружённый конфликт в Нагорном Карабахе(2020). https://ru.wikipedia.org/wiki/%D0%92%D0%BE%D0%BE%D1%80%D1%83%D0%B6%D1%91%D0%BD%D0%BD%D1%8B%D0%B9_%D0%BA%D0%BE%D0%BD%D1%84%D0%BB%D0%B8%D0%BA%D1%82_%D0%B2_%D0%9D%D0%B0%D0%B3%D0%BE%D1%80%D0%BD%D0%BE%D0%BC_%D0%9A%D0%B0%D1%80%D0%B0%D0%B1%D0%B0%D1%85%D0%B5_(2020)을 볼 것.

44) 아제르바이잔 지명으로는 제브라일(Джебраильский) 라이온(아제리어 표기 Cəbrayıl rayonu)이었다.

45) 아제르바이잔 지명 피줄린 라이온(Füzuli rayonu)은 나고르노-카라바흐 공화국에서는 가드루트와 마르투닌 라이온에 나눠져 속해 있었다.

46) 아제르바이잔 지명 잔겔란 라이온(Zəngilan rayonu)은 나고르노-카라바흐 공화국에서 카샤타그 라이온이었다.

47) 아제르바이잔 지명 쿠바틀리 라이온(Qubadlı rayonu)도 나고르노-카라바흐 공화국에서 카샤타그 라이온이었다.

48) 아제르바이잔 지명 호쟈벤드 라이온(Xocavənd rayonu)은 나고르노-카라바흐 공화국에서 마르투닌 라이온이었다.

49) 아제르바이잔 지명 호쟐리 라이온(Xocalı rayonu)은 나고르노-카라바흐 공화국의 아스케

다. 또한, 아제르바이잔은 나고르노-카라바흐 공화국 창건 당시 아르메니아에게 빼앗겼던 남쪽의 이란과의 국경선 전체를 회복했고 북부지역의 일련의 전략 고지와 마을들을 장악했다.50)

① 휴전협상결과 아제르바이잔에 돌려 준 영토
② 나고르노-카라바흐에서 러시아평화유지군이 배치된 영토
③ 전투과정에서 아제르바이잔으로 통제권이 넘어간 영토
④ 러시아평화유지군이 보호하는 라친 회랑
(Лачинский коридор)과
다디반크 수도원(монастырь Дадиванк)

〈그림 3〉 2020년 2차 카라바흐 전쟁 결과

란 라이온 일부였다.

50) 교전 중 나고르노-카라바흐 공화국의 5개 도시와 4개의 큰 마을(посёлок), 240개의 작은 마을(село)을 아제르바이잔군이 장악했다

이렇게 아르메니아가 수세에 몰리자 러시아의 중재로 11월 10일 모스크바에서 아르메니아, 아제르바이잔가 휴전협정에 서명했다. 이에 따라 아르메니아는 켈바쟈르(Кельбаджарский), 아그담(Агдамский), 라친(Лачинский) 등 세 라이온까지 아제르바이잔에 넘겨주고 러시아 평화유지군이 라친 라이온의 폭 5km의 회랑에 주둔하게 되었다.

III. 결론

소련시기 아제르바이잔에 속했지만, 아르메니아인들의 절대다수 거주하는 나고르노-카라바흐 지역은 1991년 아르싸흐 공화국으로 독립을 선언했다. 현재 이 지역은 국제적으로는 여전히 아제르바이잔 영토로 간주하지만 실제로는 아르메니아의 일부이다. 따라서 본국인 아르메니아의 언어정책을 고수하고 있어 아르메니아어가 국어로 규정되어 있다.

그러나 소련시기 아제리어가 아제르바이잔 공화국의 국어로서 나고르노-카라바흐에 아제리인들이 대거 이주함으로써 아제리어 사용자 수가 늘었지만 아르메니아인들은 가정 내에서 사용하는 모어 외에 국어인 아제리어를 배우고 사용한 것이 아니라 러시아어를 선택했고 이는 현재 러시아어가 견고한 지위를 보전하는 기반이 되었다.

또한 러시아어의 심화교육이 시행하고 있는 아르메니아처럼 러시아어가 모든 고등교육기관, 중등전문 및 일반교육기관에서 필수과목이었다. 이는 1991~1994년 아제르바이잔과의 전쟁에서 사실상 러시아의 지원을 받았다는 것과 가장 중요한 지원자이자 보호자로서의 러시아 위상을 인정했기 때문이다.

그러나 2020년 2차 카라바흐 전쟁으로 인해 나고르노-카라바흐 공화국에서 예전처럼 민족 간 의사소통언어로 기능하고 그 사용도 여전했던 러시아어는 미래를 예측할 수 없는 상황에 이르렀다.

참고문헌

정경택(2016). "캅카스 3개국 언어정책과 러시아어 상황 연구." 슬라브研究 32권 2호: 63~88.

정경택(2016). "캅카스 지역의 민족-언어상황 고찰(남오세티야와 북오세티야의 언어정책을 중심으로)." 슬라브어 연구 21권 2호: 133~152.

정경택(2017). "캅카스 지역의 압하스어 상황 연구." 슬라브研究 33권 1호: 159~180.

정경택(2019). "아르싸흐 공화국의 언어상황 연구." 러시아어문학연구논집 제66집: 251~275.

Постоянное население (городское и сельское) по возрасту и национальности.

Альвина Нерсесян(2017). "Русский язык в Арцахе: история и современность." Գիտական տեղեկ կագիր 1.: 125~130.

G. Hogan-Brun and S. Melnyk(2012). "Language policy management in the former Soviet sphere." The Cambridge Handbook of Language Policy.

A. Rasizade(2011). "Azerbaijan's Prospects in Nagorno-Karanakh." Journal of South Asian and Middle Eastern studies. Vol.34, 2: 1~22.

S. Muth(2014). "War, language removal and self-identification in the linguistic landscapes of Nagorno-Karabakh." NATIONALITIES PAPERS, Vol.42 No.1.

Конституция(Основной Закон) СССР принята на внеочередной седьмой сессии Верховного Совета СССР девятого созыва 7 октября 1977 г. http://www.hist.msu.ru/ER/Etext/cnst1977.htm#ii.

Закон "Об укреплении связи школы с жизнью и о дальнейшем развитии системы народного образования в СССР." http://www.libussr.ru/doc_ussr/usr_5337.htm.

Постановление "О завершении перехода ко всеобщему среднему образованию молодёжи и дальнейшем развитии общеобразовательной школы". http://www.economics.kiev.ua/download/ZakonySSSR/data03/tex14777.htm.

ПОСТАНОВЛЕНИЕ №324 ОБ ОБЯЗАТЕЛЬНОМ ИЗУЧЕНИИ РУССКОГО ЯЗЫКА. https://ochagsamara.wordpress.com/2017/03/13/%D0%BF%D0%BE%D1%81%D1%82%D0%B0%D0%BD%D0%BE%D0%B2%D0%BB%D0%B5%D0%BD%D0%B8%D0%B5-%E2%84%96324-%D0%BE%D0%B1-%D0%BE%D0%B1%D1%8F%D0%B7%D0%B0%D1%82%D0%B5%D0%BB%D1%8C%D0%BD%D0%BE%D0%BC-%D0%B8%D0%B7%D1%83/.

Этапы конституционно-правового регулирования использования языков в советский период. https://hghltd.yandex.net/yandbtm?lang=ru&fmode=inject&tm=1556161298&tld=ru&la=1555309696&text=%D0%BA%D0%BE%D0%BD%D1%81%D1%8

2%D0%B8%D1%82%D1%83%D1%86%D0%B8%D1%8F%20%D
0%B0%D1%80%D0%BC%D1%8F%D0%BD%D1%81%D0%BA%D
0%BE%D0%B9%20%D1%81%D1%81%D1%80%201937%20%D
1%8F%D0%B7%D1%8B%D0%BA&url=https%3A%2F%2Fsuperi
nf.ru%2Fview_helpstud.php%3Fid%3D788&l10n=ru&mime=h
tml&sign=4fc9ac06fdb538717d9f37e70222e188&keyno=0.

Конституция Азербайджанской Республики. http://base.spinform.
ru/show_doc.fwx?rgn=2618.

Закон О государственном языке в Азербайджанской Республике.
http://base.spinform.ru/show_doc.fwx?rgn=3644.

Конституция Республики Армения. http://constitutions.ru/?p=
204.

Закон Армении "О языке". http://www.advertology.ru/index.php?
name=Subjects&pageid=293.

Декларация о государственной независимости Нагорно-
Карабахской Республики. http://www.aniarc.am/2015/08/30/
declaration-of-nkr-january-6-1992/.

Договор о дружбе, сотрудничестве и взаимной помощи между
Российской Федерацией и Республикой Армения. http://
docs.cntd.ru/document/8306454.

Доклад Министерства иностранных дел Российской
Федерации "Русский язык в мире", Москва, 2003 год. http://
www.mid.ru/Brp_4.nsf/arh/B6BE784B3E2ABD1343256DF8
003AC21C.

Конституция Нагорго-Карабахской Республики. http://www.

nkr.am/ru/constitution/9/.

Конституция Республики Арцах. http://www.nkr.am/ru/constitution -of-Artsakh.

Armenia. U.S. English Foundation Research. http://www.usefoundation. org /view/681.

Nagorno-Karabakh: The Volatile Core of the South Caucasus. https:// geohistory.today/nagorno-karabakh/.

Вооружённый конфликт в Нагорном Карабахе (2020). https://ru. wikipedia.org/wiki/%D0%92%D0%BE%D0%BE%D1%80%D1%8 3%D0%B6%D1%91%D0%BD%D0%BD%D1%8B%D0%B9_%D0%B A%D0%BE%D0%BD%D1%84%D0%BB%D0%B8%D0%BA%D1%82 _%D0%B2_%D0%9D%D0%B0%D0%B3%D0%BE%D1%80%D0%B D%D0%BE%D0%BC_%D0%9A%D0%B0%D1%80%D0%B0%D0%B 1%D0%B0%D1%85%D0%B5_(2020).

키르기스어의 표기체계 어휘에 나타난 러시아어의 영향[1]

김보라(경상국립대학교 러시아학과 교수)

1. 키르기스스탄 그리고 키르기스어

중앙아시아 국가 중 하나인 키르기스스탄은 정식국명이 키르기스 공화국이며 총 면적은 한반도의 0.95배, 인구는 640만 명(2019년 현재)이다. 수도는 비슈케크이며 종교는 이슬람교를 믿는다. 전통적인 유목사회였으나 1918년에 투르케스탄 소비에트 사회주의 자치공화국에 편입되었고, 1924년에는 카라-키르기스 자치주로 분리, 형성되어 1926년에

---

[1] 본 글은 2016년 『슬라브어연구』 21권 2호, 37~48쪽에 게재된 「키르기스어에 차용된 러시아 어휘의 유형분석」과 2015년 『슬라브학보』 30권 2호, 49~65쪽에 게재된 「키르기스어 표기 체계 및 외래어에 나타나는 러시아어적 요소와 언어정체성」을 수정, 보완한 것임.

는 키르기스 소비에트 사회주의 자치공화국으로 승격되었다. 그 뒤 1936년에는 키르기스 소비에트 사회주의 공화국으로 소비에트 연방의 일원이 되었다가 1991년에 소련의 해체로 독립하였다. 1924년 소비에트의 민족분할 정책 시행 당시만 해도 키르기스인들을 포함한 중앙 아시아인들에게는 민족 정체성이 부재했다. 구자정(2012: 177)에 따르면, 중앙아시아 사람들에게 '당신은 누구인가'라는 질문을 던진다면 '나는 키르기스 사람으로 우즈벡인입니다'라는 답변을 하는 식으로 키르기스와 우즈벡은 그들에게 민족이 아닌 상호 교차될 수 있는 부족적 정체성이었다. 즉 중앙아시아 사람들은 자신이 어떤 민족에 속하는지 모르고 살아도 삶에 큰 문제가 생기지는 않았다.

〈그림 1〉 중앙아시아 지도

민족 정체성을 나타내는 중요한 지표 중 하나인 언어상황도 마찬가지였다. 키르기스인들은 마치 자신이 키르기스 사람으로 우즈벡인 것처럼 유목 생활의 필요에 따라 키르기스어도 하고 우즈벡어도 하는 다중언어 구사자들이었다. 이러한 다중 언어생활이 그들에게는 어려운 것이 아니었는데, 왜냐하면 오늘날에도 우즈벡어, 키르기스어, 투르크멘어, 카자흐어 모두 투르크계 언어로 어느 정도의 상호 간 의사소통이 가능하기 때문이다. 즉 국가형성 이전시기에 중앙아시아 언어들은 각 부족이 사용하는 언어이지 어떤 지역, 어떤 민족에 한정된 것이 아니었다.

부족 간의 의사소통이 중심 기능이었던 중앙아시아 언어는 문어가 아닌 구어 중심이었다. 키르기스어의 경우에는 18세기에 이르러 키르기스 부족들이 이슬람화된 이래 무슬림 성직자나 엘리트들이 아랍어 문자를 사용하기 시작하면서 키르기스 문자체계가 성립되었다. 소비에트 정권은 1927년 이슬람교라는 종교색이 짙은 표기인 아랍어 문자를 부정하고 키르기스어를 라틴 문자로 표기하도록 하였다. 그러나 라틴문자체계도 오래가지 못했는데, 터키가 1928년 아랍문자에서 라틴문자로 터키어 표기체계를 변경하게 되면서 범 투르크어권 민족들의 결집을 두려워한 소비에트 정권이 1941년 키르기스어 표기를 라틴문자체계에서 키릴문자체계로 변경했기 때문이다.

이렇듯 표기체계가 짧은 기간에 많은 변화를 겪을 수밖에 없었던 이유는 그 당시의 소비에트 언어정책이 아직까지 정착하지 못한 과도기적 단계였기 때문이겠지만, 이 시기는 키르기스 민족이라는 강제된 구분에 민족 정체성이 부재한 상태에서 키르기스 언중이 소비에트 언어정책의 변화에 대응하고 비판할 수 있는 확고한 언어 정체성이 부재한 때이기도 했다. 이 상황은 소련이 해체된 후에도 계속된듯하다. 키르기스스탄에서는 소비에트 정권 몰락이전에도 독립을 열망하는 움직임을 보이지 않았다. Chotaeva(2004: 37)가 밝혔듯 1991년 3월 17일 키르기스스탄에서 실행한 국민투표에서 투표자의 95%가 소비에트 연방의 유지를 원했다는 점이 이를 뒷받침해 준다. 행정 편의적인 민족구분, 지역구분이 국가독립으로 이어지자 키르기스스탄은 국가 주권을 보장해줄 국가정체성, 민족정체성을 확립해야 하기에 이르렀다. 이에 따라 언어정체성 확립을 위해 키르기스스탄 정부차원에서 여러 시도가 있었다.

1991년 독립국으로 선포되기 직전, 1989년에 국가어에 관한 법에서 러시아어가 아닌 키르기스어만 국가어(state language)로 인정하는 법이 실효성을 발휘하게 되면서 키르기스어는 급속하게 탈 러시아어화가 진행되었다. 강휘원(2008: 90)은 민족국가의 등장과 국가형성의 과정에서 언어의 정치적 도구화의 영향으로 인하여, 상당한 수의 러시아인과 다른 소수민족, 특히 숙련된 노동력 인구가 유럽과 러시아로 이주하였고 고학력 러시아인의 이주 증가는 키르기스스탄 경제에 악영향을 끼쳤다고 평하고 있다. 결국 키르기스어만을 국가어로 사용하는 단일 언어정책에 대한 부정적인 평가가 커지면서 헌법 개정을 초래하게 되었고 마침내 2000년 의회에서 키르기스어를 국가어로, 러시아어를 공식어 (official language)로 법적으로 인정하는 개정안이 발의되어 2001년 아카 예프 당시 대통령은 이 법안에 서명을 하였다.

한편 탈 러시아어정책에 따라 표기방식도 키릴문자체계에서 다른 문 자체계로 바꾸어야 한다는 주장들도 나왔다. 1993년에 나왔던 라틴문 자 체계로의 변환 주장이 그것인데, 만일 표기 방식을 바꾸면 이로 인해 개정해야 하는 것들이 많아 경제적으로 큰 부담이 되고 교육적인 부담 도 늘어나게 되므로 이 법안은 실효성이 없다고 판단되었다.

정리해보자면, 키르기스스탄에서는 자민족 언어의 문자 표기체계가 언중에 의해 자주적으로 결정된 것이 아니라 타의에 의해 혹은 정치적 인 이유로 인해 결정되었고 세 차례의 변화도 겪어야 했다. 독립이 되고 나서도 자민족의 언어가 소비에트시기 공식어였던 러시아어에 비해 주 도적인 위치를 점유하지 못하는 결과를 초래한 2001년의 헌법 개정도 겪어야 했다. 그러므로 본 연구에서는 표기체계의 변화가 키르기스어에 어떤 영향을 끼쳤는지에 초점을 둔다. 이를 위해서는 첫째, 키르기스어 고유의 음운체계와 음운적 특성을 살피고, 둘째, 아랍문자, 라틴문자, 키릴문자의 표기체계가 키르기스어 고유의 음운체계를 어떻게 반영하 고 있는지 분석하고자 한다. 셋째, 1991년 독립 이후 현재까지 외국인 을 위한 키르기스어 교재가 어떻게 키르기스어의 음운체계를 소개하고 있는지, 정책상의 변화에 따라 시기별 교재 편찬 방향에 어떤 차이를 보이는지를 살펴보면서 마지막으로 러시아어에서 들여온 외래어가 키르기스어에서 어떤 변화 양상을 보이며 표기되는지 분석하고자 한다.[2]

2. 키르기스어의 음운체계와 음운적 특성

Kara(2003:6)는 다음과 같이 키르기스어의 모음과 자음음소를 제시하였다.

〈표 1〉 키르기스어 모음 음소체계

	전설모음		후설모음	
	비원순	원순	비원순	원순
고모음	/i/, /ii/	/ü/, /üü/	/y/, /yy/	/u/, /uu/
중모음	/e/, /ee/	/ö/, /öö/		/o/, /oo/
저모음			/a/, /aa/	

〈표 1〉에서 보듯 키르기스어의 모음음소는 총 16개로 8개의 단모음과 8개의 장모음으로 이루어져 있다. 모음의 고저, 원순성, 전설성이 키르기스어 모음음소의 변별적 자질이 되며 특히 고모음의 경우에는 [±

---

2) 여기에서 외래어는 정희원(2004: 20)에 따라 일반 언중이 외래 어휘임을 인식하고 있고 아직 자국어로 동화과정이 완료되었거나 아직 완료되지 않았으며 언중에서 널리 사용되고 있는 어휘를 뜻한다.

전설성], [±원순성] [±장음]에 따른 대립쌍이 모두 나타난다. 키르기스어 모음음소의 수는 /a/, /i/, /u/, /e/, /o/로 5개에 불과한 러시아어의 3배 이상에 달한다.

〈표 2〉 키르기스어 자음 음소체계

	양순음	치음	치경음	연구개음	경구개음
파열음	/p/, /b/	/t/, /d/		/k/, /g/	
파찰음			/č/, /dž/		
마찰음		/s/, /z/	/š/		
비음	/m/		/n/		/ŋ/
측음			/l/		
진동음			/r/		
활음				/j/	

키르기스의 자음음소 개수는 17개로 알려져 있다(Kara 2004:11). 러시아어 자음음소와 비교하여 /f/, /v/, /c/, /x/ 등이 자음음소에 포함되지 않는데 그 이유는 음소 /f/, /v/, /c/, /x/는 오직 아라비아, 페르시아, 러시아어 등에서 차용된 어휘에서만 나타나기 때문이다. 예를 들어 taryx '역사'는 아랍어에서 차용된 어휘이므로 음소 /x/가 쓰인 것이지 키르기스 고유 어휘에서는 그 음소가 쓰이지 않는다. 즉 〈표 2〉에 제시한 키르기스어 자음음소는 키르기스 고유어에서만 나타날 수 있는 자음으로 한정되어 있다.

키르기스어는 음운 규칙 중 하나인 [±전설성]과 [±원순성]에 따른 모음조화가 나타난다. 전설성에 따른 모음조화 규칙에 따르면, 첫 음절 모음이 전설모음인 /i/, /e/ 중 하나이면 그 다음 음절 모음도 /i/, /e/ 중 하나여야 하며, 첫 음절 모음이 후설모음 /y/, /a/ 중 하나이면 그 다음 음절 모음도 /y/, /a/ 중 하나여야 한다.

〈표 3〉 [±전설성]에 의한 모음조화 규칙

[+전설성]에 따른 모음조화 규칙	[−전설성]에 따른 모음조화 규칙
첫 음절 /i/, /e/ → 다음 음절 /i/, /e/	첫 음절 /y/, /a/ → 다음 음절 /y/, /a/
예) тepeзe /tereze/ '창문', тешик /tešik/ '구멍', иймек /ijmek/ '귀걸이', билим /bilim/ '지식'	예) салам /salam/ '안녕', айыл /ajyl/ '마을', кызыл /kyzyl/ '붉은', чырак /čyrak/ '램프'

원순성에 따른 모음 조화규칙은 첫 음절 모음이 원순모음이면서 후설모음인 /o/, /u/ 중 하나이면 그 다음 음절 모음도 /o/, /u/ 중 하나여야 하며, 첫 음절 모음이 원순모음이면서 전설모음인 /ü/, /ö/ 중 하나이면 그 다음 음절 모음도 /ü/, /ö/ 중 하나여야 한다.3)

---

3) 엄밀히 말하면 원순모음이면서 후설모음인 경우에는 첫 음절 모음이 /o/인 경우에만 그 다음 음절 모음이 /o/, /u/ 중 하나가 될 수 있으나 첫 음절 모음이 /u/인 경우에는 그 다음 음절 모음이 /u/ 혹은 /a/가 와야 한다.

〈표 4〉 [+원순성]에 의한 모음조화 규칙

[+원순성] 모음조화 규칙	
첫 음절 /ü/, /ö/ → 다음 음절 /ü/, /ö/	첫 음절 /o/ → 다음 음절 /o/, /u/ 첫 음절 /u/ → 다음 음절 /u/
예) күрүч /kürüč/ '쌀', күрөк /kürök/ '삽', өмүр /ömür/ '삶', бөлө /bölö/ '사촌'	예) тоголок /togolok/ '둥근', орун /orun/ '자리', булут /bulut/ '구름'

그러나 외래어의 경우에는 이러한 모음조화 규칙을 따르지 않기에 키르기스 고유어휘와는 차별화된 모습을 보인다. 예를 들어 러시아어에서 차용된 кино '영화관', машина '자동차', 아랍어에서 차용된 мугалим '선생님', мамиле '관계', 이란어에서 차용된 нəристе '아기' 등의 어휘들은 모음조화 규칙에 위배되는 모음 배열을 보여주고 있다. 문제는 소비에트시기에 강력한 영향력을 행사했던 러시아어가 현재까지도 정치, 경제, 과학, 기술 분야에서 키르기스스탄에 영향을 미치고 있고 공식어로 키르기스 헌법의 보호도 받고 있기에 키르기스 어휘에는 아직도 많은 러시아어 외래어가 존재하고 있다는 것이다.[4] 키르기스 음운규칙을 따르지 않는 수많은 외래어가 키르기스 음운체계에 영향을 미치지 않을 수 없다고 생각하며 실제로 외래어 표기에 있어 어떤 현상이 나타났는지

---

4) 1960년대만 해도 새로운 과학기술, 사회 정치적인 용어의 60~70%는 러시아어 외래어였다 (Chotaeva 2004: 87). 1980년대에는 이보다 더 많은 70~80%의 과학기술 방면 어휘가 러시아에서 들여온 것이라고 한다(Orusbaev 1980: 29).

뒷장에서 언급하도록 하겠다.

3. 키르기스어의 음운체계에 따른 표기체계 분석

이번 장에서는 아랍문자, 라틴문자, 키릴문자라는 세 가지 표기체계에 키르기스어의 음운체계가 어떻게 반영되었으며 어떤 특징을 보이는지를 살펴보겠다. 언어의 문자체계와 음성체계의 관계에 대하여 Neef & Primus(2001)은 문자체계와 음성체계는 별개이며 문자체계는 음운론과 상관없이 서술되어야 한다는 입장을 취한다. 이러한 문자와 음운과의 등가적 대응관계를 부정하는 독립주의자들도 있지만, 문자체계는 음성체계에 의존한다는 의존가설을 지지하는 학자들도 있다. 독일 언어학자 Dürscheid(2007: 205~207)에 따르면, 문자체계의 가장 작은 분절단위인 자소(graphem)는 음소의 문자적 실현이라고 하였다. 단, 이러한 입장은 알파벳 문자에만 적용되는 것이지 구조단위가 단어기호 내지 음절기호인 표의문자와 음절문자에는 적용되지 않으며 그에 비해 알파벳 문자는 음성구조와 문자구조의 직접적인 대응원칙에 근거를 두고 있다고 주장한다. 그렇다고 해서 의존주의자들이 음성구조와 문자구조가 반드시 일대일 등가적 대응관계를 보여야 한다는 극단적인 주장을 하는 것은 아니다. 그들은 문자체계와 음성체계 사이에는 공통성과 특수성이 공존하며 이 때문에 양자가 독립적으로 연구될 수도 있다고 말한다. 즉 의존주의자들은 알파벳 문자체계를 가지고 있는 키르기스어의 문자표기와 음성표기 사이에는 어느 정도의 상관관계가 있을 것이라고 가정할 것이다. 이러한 의존주의자들의 견해를 바탕으로 아래와 같이 키르기스의 문자와 음성체계의 상관관계를 살펴보려 한다.

3.1. 아랍문자 체계(18세기~1927년)

18세기 무렵부터 키르기스 소수의 이슬람교 성직자들이 아랍 알파벳을 이용해 글을 써왔으나 아랍어와 계통이 다른 투르크어족인 키르기스어 문자표기에는 아랍어 알파벳이 너무나 부적절한 표현수단이었다. 아랍 알파벳에는 단지 3개의 모음표시 문자만 존재하였기에 단모음 음소만 8개나 되는 키르기스어를 문자로 표기하기 위해서는 모음 문자를 새로 만들어야 했다. 〈표 5〉는 아랍어 알파벳을 바탕으로 한 키르기스어 문자체계이다.

〈표 5〉 키르기스어 아랍문자 표기

چ [č]	ر [r]	د [d]	خ [x]	ژ [ž]	ت [t]	ب [b]	ز [z]	ا [a]	پ [p]
غ [ğ]	ن [n]	م [m]	ل [l]	ك [k]	ق [q]	ف [f]	گ [g]	ش [š]	س [s]
ڭ [n]	ي [j]	ى [y]	ه [e]	و [o]	ۋ [v]	و [u]	و [ö]	و [ü]	

〈표 5〉의 키르기스어 아랍문자 표기를 보면 키르기스어 단모음 음소 /a/, /e/, /o/, /ö/, /ü/, /u/, /y/는 문자화되어있으나 /i/는 보이지 않는다. 음소 /i/의 문자표기는 음소 /y/의 문자표기인 ی를 공용한다. 일반적으로 한 알파벳 문자체계를 가지는 언어에서 모음음소는 모음자소와 일대일 대응이 되는데, 아랍어 표기에서 /i/와 /y/가 표기상 구분이 되지 않는 것으로 보아 모음자소가 부족한 아랍문자의 한계를 보여주고 있다고 생각한다. 자음문자에서는 하나의 자소가 두 개 이상의 음소를 대표하는 상황은 나타나지 않고 오히려 음소가 아닌 변이음 [q]와 [ğ]가 독립된 문자표기를 가진다. 또한 키르기스어 고유의 음성, 음운체계에 속하지 않는 음성을 문자체계로 실현해 놓은 것들이 있는데 소리 [x], [f], [v]에 해당되는 문자는 외래어 표기 시에만 사용되는 것이다.

3.2. 라틴문자체계(1928~1940년)

1928년부터 1940년까지 짧은 기간 동안 쓰였던 라틴문자체계는 투르크어 권과 터키어 지역의 결속을 두려워한 소비에트 정권에 의해 사라졌지만, 〈표 6〉에서 보듯 키르기스어 단모음 음소 8개는 자소 8개와 각각 일대일 대응이 이루어지고 있다.

〈표 6〉 키르기스어 라틴문자 표기

A [a]	B [b]	C [c]	Ç [č]	D [d]	E [e]	F [f]	
G [g]	I [i]	J [j]	K [k]	L [l]	M [m]	N [n]	
N [ŋ]	O [o]	Ө [ö]	P [p]	Q [q]	R [r]	S [s]	
Ş [š]	T [t]	U [u]	V [v]	X [x]	Y [ü]	Z [z]	Ь [y]

키르기스어 자음음소 17개 또한 〈표 6〉에서 보듯 17개의 자소에 일대일 대응된다. 그밖에 변이음 [q]를 위한 문자가 따로 있고 외래어 표기에서만 사용되는 [f], [v], [x]를 위한 문자가 따로 있어 키르기스어의 실제 자음음소보다 좀 더 많은 자음음성을 위한 문자표기가 제시되어 있다. 하지만 Chotaeva(2004:86)에 의하면, 라틴문자체계가 도입되면서부터 키르기스 학생들이 두 개의 서로 다른 알파벳으로 표기되는 러시아어와 키르기스어를 동시에 익혀야하는 부담이 가중되었다고 한다. 또한 라틴문자의 B와 키릴문자의 B의 음가가 다른 것과 같이 두 문자체계가 충돌하면서 발음과 표기상의 혼동이 야기되었다고 한다. 다시 말하면, 라틴문자 체계가 아랍문자 체계보다는 모든 모음음소, 자음음소가 자소로 일대일 대응되는 장점을 지니고 있었지만 소비에트 시기라는 특수한 시대적 환경에서는 그다지 효율성이 높은 문자체계가 아니었다.

3.3. 키릴문자체계(1941년~현재)

1941년부터 도입된 키릴문자는 러시아어와 문자체계가 동일해졌다는 측면에서는 학습자의 부담이 경감되었다는 장점은 있지만, 키르기스어 고유의 음소에 포함되지 않는 이질적인 음성을 위한 글자 수가 이전의 다른 문자체계에 비해 훨씬 많아졌기에 키르기스어 고유의 음운체계 보존의 측면에서는 바람직하지 않다고 생각된다.

<표 7> 키르기스어 키릴문자 표기

А	Б	В	Г	Д	Е	Ё	Ж	З	И	Й
[a]	[b]	[v]	[g]	[d]	[je]	[jo]	[ž]	[z]	[i]	[j]
К	Л	М	Н	Ң	О	Ө	П	Р	С	Т
[k]	[l]	[m]	[n]	[ŋ]	[o]	[ö]	[p]	[r]	[s]	[t]
Ү	У	Ф	Х	Ц	Ч	Ш	Щ	Ы	Ъ	Ь
[ü]	[u]	[f]	[x]	[c]	[č]	[š]	[šč]	[y]		
Э	Ю	Я								
[e]	[ju]	[ja]								

<표 7>에서 괄호로 표시된 문자들 В, Ф, Ц, Щ는 러시아어 등에서 차용한 어휘 표기 시에 사용되며 Ь, Ъ과 같은 음가가 없는 부호는 순전히 러시아어 표기를 키르기스어 내에서 원활하게 하려는 목적에서 남겨둔 것이다. 또한 모음 문자 Э, Ё, Ю, Я도 키르기스 고유의 표기체계 내에서는 인위적이고 유용하지 않다. 첫째, 키르기스 모음체계 내에서 Э와 Е 사이에 발음상의 차이가 없다. 키르기스어에는 러시아어에서처럼 연자음과 경자음의 대립이 존재하지 않으며 어떤 특수한 환경에서 /j/가 추가되어 /je/가 되더라도 표기는 ЙЕ로 하는 것이 키르기스어에서 일반적으로 받아들여지기 때문이다. 사실 음소체계에서 /j/와 /e/

는 서로 다른 음소이므로 문자표기도 다른 문자로 나타내는 것이 두 음소를 한 문자로 통합하여 표기하는 것보다 합리적이다. Bakytbek Tokubek uulu(2009:16)에 따르면 키르기스어에서 Э와 E는 같은 발음이지만 단어에서 표기 시 위치상의 차이를 보인다고 한다. 어두에 나오는 /e/는 Э로, 나머지 위치에서 발음되는 /e/는 E로 표기한다. 이는 얼핏 보면 러시아어의 표기방식과 동일하게 느껴질 수 있겠으나, 러시아어에서 외래어가 아닌 이상 자음 바로 뒤에 나오는 E는 앞의 자음이 연자음이라는 표시를 하기 위한 역할도 하고 있기에 이런 역할을 하지 않는 키르기스어의 E와는 근본적으로 다르다.

Ё, Ю, Я의 경우에도 마찬가지로 키르기스어에서는 이 세 문자가 연자음을 표시하는 역할을 하지 않으며 /jo/, /ju/, /ja/라고 표기하게 되더라도 키르기스어에서 전통적으로 선호되는 방식은 각각 ЙО, ЙУ와 ЙА이다. 정리하자면, 아랍, 라틴 그리고 키릴문자체계 가운데에서 키르기스 고유 음운체계에 가장 잘 맞지 않는 표기방식이 키릴문자 표기 방식이다. 아랍과 라틴표기 방식을 살펴보면, 키르기스 자음음소에 속하지 않는 몇몇 글자들, 예를 들어 라틴문자의 h 나 w는 〈표 6〉에서 보듯 누락되어 있다. 하지만 키릴문자는 키르기스 음소체계와는 별개로 러시아어 알파벳을 그대로 보존하여 문자가 단 하나도 감소된 것이 없으며 몇몇 문자가 추가되었을 뿐이다. 키르기스 음운체계에서 이러한 이질적인 표기가 키르기스어 어휘의 상당부분을 차지하는 러시아어 외

래어를 표기하는 데에는 용이할 것이다. 하지만 이로 인해 키르기스 음운체계에 변화양상이 나타나리라 예상하며 자세한 내용을 다음 장에서 논의하겠다.

4. 키르기스어 표기 방식의 변화

키르기스어의 키릴문자체계가 통용되고 있는 상황 하에서 현재 러시아어 외래어는 어떻게 표기되고 있는가를 살펴보고자 한다. 키르기스어 정자법은 크게 소비에트시기에 두 번, 그리고 국가 독립이후에 두 번의 변화가 있었는데 시기별로 어떠한 내용이었는지 살펴보고자 한다.

Odagiri(2011:6)에 따르면, 1941년 키릴문자체계가 도입되면서 외래어 표기는 키르기스 음운체계를 되도록 충실히 따르는 방향으로 진행되었다. 예를 들어, 러시아어 кровать '침대'는 키르기스어 고유어휘에 자음군 кр가 쓰이지 않으므로 그 사이에 삽입모음 e를 넣고, 다음 음절부터는 모음조화에 따라 모음이 모두 e로 변화하며, 키르기스어에는 쓰이지 않는 в 대신에 б를 넣고 키르기스어에서는 쓰이지 않는 연음부호를 탈락시켜서 кepeбeт '침대'로 표기하는 방식이 선호되었다. 하지만 1953년의 정자법은 모든 러시아 외래어는 원어 그대로 표기하는 방식을 따르게 되었다. 그리하여 이전의 кepeбeт '침대'는 다시

кровать '침대'로 표기해야 했다. 이렇듯 러시아어 어휘가 키르기스 방식으로 걸러지지 않은 채 사용되어 키르기스인들이 러시아어를 학습하는 것이 훨씬 용이해졌다고 한다.

한편 키르기스스탄으로 독립되고 난 후의 정자법 개정 방침은 키르기스 고유의 음운체계를 최대한 반영하는 것이었다. 그리하여 러시아어 номер '번호' 대신에 키르기스어 모음조화를 반영하는 номур '번호'가, 러시아어 артист '배우' 대신에 키르기스어에서는 쓰이지 않는 어말 т를 탈락시킨 артис '배우'라는 외래어 표기법이 쓰였다. 그러나 가장 최근에 이루어진 2008년의 정자법 개혁은 다시 러시아어 원어 표기에 충실한 외래어 표기로 회귀하는 것이었다. 하지만 이러한 외래어 표기 방침의 계속적인 변화로 인해 아직까지도 통일된 외래어 표기가 정착하지 못하고 있다. 2009년에 발행된 *Learn the Kyrgyz Language*의 단어집을 살펴보면 여전히 침대는 керебет로 나와 있는 것을 볼 때 언중사이에서 표기의 혼란이 있으리라 예상이 된다.

하지만 그보다 더 중요한 것은 정자법의 개혁 방침에 따라 바뀌는 키르기스 음운체계의 변화이다. 키르기스스탄 독립 이후와 2008년 정자법 개정 직후에 발간된 외국인을 위한 키르기스어 교재를 살펴보면 이 변화를 찾을 수 있다. 1997년 발간된 *Kyrgyz Language Manual*(1997: 20)을 살펴보면 키르기스어 음성을 소개하고 발음 연습을 하게 되는 앞부분에서 자음은 б, г, д, ж, з, й, к, л, м, н, ң, п, р, с, т, ф, ч, ш

에만 예시가 적혀있고 나머지 자음들은 설명 없이 넘어간다. 위에서 제외된 자음들은 в, ц, щ 과 같은 러시아어 기원의 외래어에서는 나오지만 키르기스 고유 어휘에서는 찾아보기 힘든 것들이다. 이는 외래어를 최대한 키르기스 음운체계에 맞추어 표기한다는 방침과 일맥상통한다. 독립 직후의 시기는 비록 키르기스어가 키릴문자표기를 따르지만 키르기스 고유의 언어정체성을 최대한 보존하려는 시도를 하기 때문이다.

2009년에 발행된 *Learn the Kyrgyz Language*(2009:19~21)를 보면 이전에 언급된 교재와는 확연히 다른 태도를 취하고 있다는 것을 알게 된다. 첫째, 자음 발음 연습에 1997년 교재에는 소개되지 않은 в, ц, щ 가 나머지 다른 자음들과 함께 나온다. 둘째, 자음 문자 하나에 두 개의 음성실현 방법이 있음을 자세히 소개한다. 이 교재에서 문자 하나에 대한 두 개의 음성실현 방법은 아래 〈표 8〉과 같이 제시하고 있다.

〈표 8〉 러시아어 영향을 받은 키르기스 음운현상의 예

키르기스어 어휘는 문자 б로 끝나지 않는다. 하지만 만일 어떤 단어가 б로 끝난다면 그 어휘는 외래어이며 б는 [b] 보다는 [p] 발음에 더 가깝다.

(2) 단어 карта 가 강세의 위치 따라 의미가 달라진다. 키르기스어는 마지막 음절에 강세가 오는 고정강세라서 карта라고 마지막 음절에 강세가 오면 '말의 창자'라는 의미이나 만일 자유강세인 러시아어의 영향을 받아 그 기원과 동일하게 карта 라고 첫 번째 음절에 강세가 오면 '지도'의 뜻이 된다.

(3) 문자 ж는 두 개의 발음을 가지는데 러시아 외래어는 [ž]로 만일 키르기스 순수 어휘라면 [dž]로 발음한다.

셋째, 그동안 키르기스 알파벳에는 존재했으나 러시아 외래어에만 사용되었던 ё, ю, я를 키르기스어 고유 어휘 표기에도 쓰일 수 있도록 규칙을 제시한다. 이 규칙은 어간과 어미의 경계에서 발생하는데 만일 어떤 단어가 й로 끝났지만 모음 о, у, а으로 시작하는 어미가 뒤따라올 경우, 이를 йо, йу, йа 로 표기하지 않고 각각 ё, ю, я를 사용한다는 규칙이다. 다시 말하면, 앞에 언급한 세 가지 현상은 2008년의 러시아식 표기를 그대로 보존한다는 정자법 개정과 같은 맥락에서 이해될 수 있다. 2008년의 정자법 개정안은 키르기스어의 고유한 음운, 문자체계에 러시아어 음운, 문자체계를 최대한 포함시킨다는 방침을 보이고 있으며 이로 인해 현재 두 개의 이질적인 문자, 음운표기가 키르기스 언어에서 실현되고 있다.

5. 키르기스어에 나타난 러시아어 외래어

키르기스스탄은 1990년 초 독립 이후 지금까지 자민족 언어인 키르기스어와 러시아어가 함께 공식어로 지정되어 있다. 정경택(2007:19)에 따르면, 러시아어의 사용이 학교와 직장, 많은 상점에서도 관찰되며 도시의 많은 수의 상점, 음식점들은 키르기스어가 아니라 러시아어 명칭을 가지고 있다고 하였다. 실제로 현대 키르기스어에서 쓰이고 있는 어휘들이 러시아어의 영향을 많이 받고 있음을 키르기스스탄의 수도인 비슈켁의 간판이나 인쇄물 등에서 어렵지 않게 발견할 수 있다. 본 논문에서는 키르기스어에서 러시아어휘가 어떤 양상으로 차용되는지 살펴보려 한다. 이를 위해 2012년에 비슈켁에서 발행된 Кыргызско-русский, русско-кыргызский словарь의 2차 개정증보판에 나온 약 이만 개의 어휘를 본 연구의 분석대상으로 한다. 이 사전을 편찬한 Иванов Ю. А.에 따르면, 해당 사전은 1957년과 1965년에 출판된 Юдахин К. К. 의 Кыргызско-русский, русско-кыргызский словарь를 기반으로 Ожеков С. И.와 Шведова Н. Ю.의 2006년판 Токовый словарь русского языка를 참고하였다고 한다. 2012년 2차 개정증보판에서는 현대 키르기스어에서 더이상 쓰이지 않는 어휘를 삭제하고 신조어를 보강하여 키르기스어-러시아어 사전에 약 만개의 어휘를, 러시아어-키르기스어 사전에는 약 이만 개의 어휘를 수록하였다. 키르기스어-러시아어 사전에 등장하는 약 만개의 어휘는 러시아어-키르기스어 사전에 대체로 중복되어 나타나므로 본 연구에서 다루는 어휘의 총 개수는 약 이 만개가 된다.

한편, 본 연구의 분석대상이 사전에 수록된 어휘라는 것을 주지해야 한다. 러시아어 차용어휘가 사전에 표제어가 되는 것은 그 어휘가 더 이상 외국어가 아니라 키르기스 표준어(literary language)에 편입되었다는 것을 뜻하기 때문이다. 정희원(2004: 20)에 따르면, 일반 언중이 외래어휘임을 인식하는 낱말들을 모두 외래어라고 할 수 있는데, 그들 중에 동화과정이 완료되어 한 언어의 어휘체계 속에 확고한 지위를 차지하게 된 말은 따로 차용어라는 말로 구분해서 지시할 수 있다고 하였다. 즉, 사전에 수록된 러시아어휘는 차용어로서 키르기스 표준어에서 널리 사용되는 낱말인 것이다. 실제로 분석 대상이 된 사전에 수록된 2만 개의 어휘 중 러시아어 차용어로 간주되는 어휘는 약 1,600여개로 수록된 어휘의 약 8%를 차지한다. 이 수치만을 놓고 볼 때는 키르기스어에서 러시아어 차용어의 영향은 미미하다고 생각할 수도 있다. 그러나 키르기스 표준어가 아닌 구어에서는 러시아어 차용어 혹은 외래어가 쉽게 발견되고 있다는 것을 고려하면, 키르기스인들이 언어생활에서 사용하는 러시아어의 비중은 사전에 제시된 차용어의 비중보다 훨씬 크다.

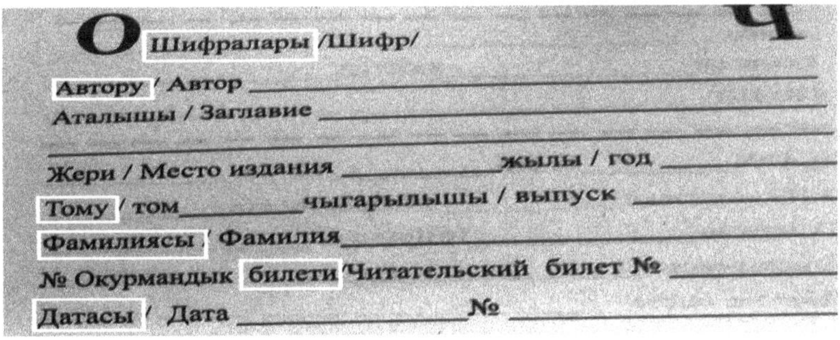
О Шифралары /Шифр/ Ч

Автору / Автор

Аталышы / Заглавие

Жери / Место издания жылы / год

Тому / том чыгарылышы / выпуск

Фамилиясы / Фамилия

№ Окурмандык билети Читательский билет №

Датасы / Дата №

〈그림 2〉 키르기스어에 나타난 러시아어 외래어의 예(키르기스 국립 도서관 도서대출 신청서)

〈그림 2〉에서 박스로 표시된 шифралары, автору, тому, фамилиясы,

билети, датасы 중 본 논문의 분석 자료인 Кыргызско-русский словарь에는 шифралары가 포함되어 있지 않다. шифралары는 키르기스식 표기로 바로 옆에 병기된 러시아어 어휘와 비교할 때, 키르기스어의 3인칭 복수 소유형 접사(Категория принадлежности)가 첨가된 러시아어 외래어인 것이다. 키르기스어 소유형 어미는 앞 음절의 모음의 종류와 마지막 자음에 따라 여러 형태의 어미로 실현되는데, 이 쓰임을 예로 들면, 〈그림 1〉에 나오는 키르기스어 шифралары는 소유형 접사 '-ы'가 붙어 'их шифралары'(대출하려는 책(들)의 번호), 그리고 автору는 소유형 접사 '-у'가 붙어 러시아어로 'их автор'(대출하려는 책(들)의 저자)라는 뜻이다. 이와 같이 키르기스인들은 실생활에서 사전에 나오는 러시아어 차용어보다 좀 더 빈번하게 러시아어 어휘를 쓰고 있다. 본 연구는 구어에서 사용되는 러시아어 어휘의 영향을 살펴보기보다는 키르기스 표준어에 포함된 러시아어 차용어에는 어떤 것들이 있으며, 키르기스 언어체계에 어떤 방식으로 동화되었는지를 살펴보는 것에 초점을 둔다.

5.1. 키르기스어에 나타나는 순수차용어(loanwords) 유형

키르기스어에서 러시아어 차용어가 단일형태소로 나타나는 경우, 그 품사는 대부분 명사이며 형용사와 동사는 각각 형용사, 동사파생접사가 결합되어 파생어가 된다. 러시아어는 굴절어로 교착어인 키르기스어와는 달리 명사류가 성, 수, 격에 따라 어형변화를 한다. 키르기스어에는 성범주가 존재하지 않으며, 수와 격은 어미가 아닌 접사로 표현된다. 러시아어에서 어형변화를 하는 품사들은 기본적으로 어간과 어미로 이루어져 모두 비단일형태소 어휘들이다. 하지만 러시아어 어휘가 키르기스어에 차용될 때는 형태소 구성이 변화된다. 예를 들어, 러시아어에서 база '기반, 기초'는 어간인 'баз-'와 여성 단수 주격어미인 '-а'가 결합한 두 개의 형태소로 이루어진 어휘이다. 하지만 키르기스어에 차용된 러시아어 어휘 база '기반, 기초'는 база라는 자립형태소 하나로 이루어진 어휘이며 러시아어에서처럼 어형변화를 하지 않는다. 형태적으로 다른 유형인 러시아어와 키르기스어 간의 차용어에서 형태소 구성변화는 일반적으로 나타나는 현상이다.

〈표 9〉 키르기스어에 나타나는 러시아어와 동일한 어휘

키르기스어	러시아어	키르기스어	러시아어
абзац	абзац	галстук	галстук
автор	автор	градус	градус
адвокат	адвокат	декан	декан
академия	академия	диван	диван
анкета	анкета	дирижёр	дирижёр
архитектура	архитектура	журнал	журнал
банка	банка	заказ	заказ
бассейн	бассейн	зона	зона
ванна	ванна	карандаш	карандаш
вилка	вилка	касса	касса

〈표 9〉에 제시된 예들은 일부분에 불과하며, 러시아어 어휘가 철자의 변화 없이 그대로 키르기스어에서 사용되는 경우는 대부분 명사이고 분석대상이 된 총 1600개의 차용어 중에서 약 1/3을 차지하고 있다. 이 어휘들은 외형적인 변화는 없지만, 형태소구성의 측면에서 차이를 보일 뿐이다. Haugen(1950)의 분류에 따르면, 〈표 9〉의 차용어들은 'loanwords(순수차용어)'에 속하게 된다. 하지만 단일형태소이자 순수 차용어 중에서는 키르기스 언어체계에 동화되어 음성, 음운 또는 철자에서 변화가 일어난 경우도 있다.

〈표 10〉 키르기스어 음성/음운 체계에 동화된 러시아어 차용어

키르기스어	러시아어	키르기스어	러시아어
батинке	ботинки	куружок	кружок
бөтөлкө	бутылка	самоор	самовар
догоо	дуга	сот	суд
доске	доска	Үстөл	стол
картөшкө	картошка	тырактор	трактор
кулуп	клуб	чайнек	чайник

〈표 10〉에서는 첫 번째로 키르기스어에 이질적인 자음군에 모음을 더 첨가하는 모음첨가현상이 차용어인 куружок, кулуп, тырактор, Үстөл에서 나타난다. 두 번째로 투르크어계 언어의 특성 중 하나인 모음조화에 더 자연스럽도록 батинке, бөтөлкө, доктур, доске, картөшкө, чайнек이 본래의 러시아어휘에서 변형되었다. 이 밖에도 키르기스어 음소체계에 이질적인 'в(/v/)'를 삭제하는 경우(самовар → самоор), 'б(/b/)'로 끝나는 단어는 키르기스어에서 외래어밖에 없으며, 발음도 [b]가 아닌 [p]로 실현된다는 것을 철자변화로 보여주는 кулуп(러시아어로 клуб)의 경우도 나타난다.

흥미로운 사항은 러시아어에서 항상 복수형으로 쓰이는 어휘가 키르기스어에서는 단수형 형태로 차용되는 경우가 빈번히 나타난다는 것이다.

〈표 11〉 단수형으로 변화되어 차용된 러시아어 어휘

키르기스어	러시아어
каникул	каникулы
лыжа	лыжи
сутка	сутки
шахмат	шахматы
инициал	инициалы

키르기스어에서 айры(건초용 갈퀴), башкы(우두머리의), жылкы(말 馬) 등 많은 어휘가 음소 'ы /y/'로 끝나는 것을 볼 때, 러시아어 복수형 어미의 탈락은 음성/음운적인 이유에서라고 보기 어렵다. 반면에 키르기스어에는 수(단수, 복수) 범주가 존재하나, 복수형은 어미가 아닌 단수형+접미사(명사의 경우 '-л а р')를 사용한다. 복수형 어미를 삭제하는 것은 음성적 측면에서의 동화가 아니라 키르기스어의 형태적 특성을 반영한 것

으로 보인다.5)

이렇듯 순수 차용어에는 본래 러시아 어휘에서 철자 변화가 없는 경우, 키르기스어에 동화되어 철자와 음운상 변화가 생긴 경우, 성이나 수의 변화가 발생한 경우가 모두 포함된다. 또한 이 어휘들은 Haspelmath(2008)가 분류한 Analyzability(분석 가능성) 범주에서 모두 'unanalyzable'에 속하는 단일형태소 차용어들이다.

5.2. 키르기스어에 나타나는 혼성차용어(loanblends)의 조어분석

이번에는 러시아어 자립형태소에 키르기스어 접사가 결합되어 파생어가 되거나, 러시아어 자립형태소와 키르기스어 자립형태소의 결합으로 복합어가 되는 혼성차용어의 유형을 살펴보겠다. 앞서 언급한 대로 키르기스어에서는 혼성차용어의 비율이 순수차용어보다 분석된 자료 중 가장 비중이 높다. 혼성차용어 중에서 파생어의 경우에는 좀 더 세분화된 분류가 필요하다고 본다. 파생은 어휘적 파생과 통사적 파생으로 구분되는데, 조남신(1997:269)에 따르면 어휘적 파생이란 파생모어의 통사적 기능을 바꾸지 않는 경우를 말하고, 통사적 파생이란 파생

---

5) 복수형 어미를 삭제하는 경우가 대부분이지만, 러시아어 гастроли에서 복수형 어미 대신 키르기스어 복수형 접미사가 붙어 гастролдор로, 마찬가지로 активы가 активдер로 쓰이는 경우도 간혹 나타난다.

모어의 품사를 바꾸는 경우를 뜻한다. 키르기스어에 나타난 러시아어 차용어에는 이러한 어휘적 파생과 통사적 파생이 모두 나타난다. 그 중에서 통사적 파생이 어휘적 파생보다 더욱 빈번히 나타난다.

5.2.1. 어휘적 파생

분석대상 자료에서 러시아어 차용어에 나타나는 어휘적 파생은 러시아어 파생모어에 키르기스어에서 사람이나 사물을 뜻하는 파생 접미사 '-чы'가 붙어 파생어를 형성하는 경우이다.

〈표 12〉 러시아어 파생모어 + 키르기스 접미사 '-ч ы' 가 결합한 파생어

키르기스어	러시아어
авианосчу	авианосец
велосипедчи	велосипедист
волейболчу	волейболист
вокалчы	вокалист
гитарчы	гитарист
гармончу	гармонист
лыжачы	лыжник

〈표 12〉에서는 사람 혹은 사물의 조어의미를 지닌 러시아어 파생접미사 -ец, -ист, -ник이 키르기스어에서는 공통적으로 파생접미사 -чы로 대체되었다. Усеналиев С.(2010: 52)에 따르면, 키르기스어에 사람이나 사물의 의미를 지닌 명사파생 접미사에는 -лык, -кор, -кеч

등이 있지만, 이 중에서 접미사 -чы는 가장 생산성이 높은 명사파생 접미사로 여겨진다. 실제로 -чы 외에 -лык, -кор, -кеч 등과 결합한 혼성차용어는 분석대상 자료에서 나타나지 않는다. 덧붙여 파생모어를 살펴보면, 파생모어의 형태가 일관적이지 않음을 알 수 있다. 키르기스어 лыжачы의 경우, 대응하는 러시아어 лыж-ник과 비교해 볼 때, 파생모어는 лыж- 가 아닌 лыжа-가 된다. 하지만 앞서 〈표 11〉에서 언급한대로 키르기스어에서 лыжи가 복수형이 아닌 단수형인 лыжа로 차용된 것을 고려할 때, 키르기스 파생어 лыжачы는 엄밀히 말하면 러시아어 차용어인 키르기스어 파생모어 лыжа-에 키르기스 파생접미사 -чы가 결합한 키르기스어 어휘라고 볼 수 있다. 즉, лыжачы는 러시아어 형태소와 키르기스어 형태소가 결합한 혼성차용어가 아니라, 키르기스어 동화된 러시아어 순수차용어와 키르기스 형태소가 결합한 순수차용어가 파생모어인 파생어이다.

5.2.2. 통사적 파생

키르기스어에서 러시아 차용어는 명사가 가장 많지만, 형용사와 동사도 분석한 자료에서 1/3 정도를 차지할 정도로 많다. 명사, 형용사, 동사 이외의 다른 품사들에서는 러시아어 차용어를 거의 볼 수 없었다. 이러한 점은 Haugen(1950: 224)이 언급한 범언어적으로 주로 차용되는 품사는 명사, 동사, 형용사라는 주장과 일치한다. 다음 〈표 13〉에서는 혼성차용어이면서 품사로는 동사, 〈표 14〉에서는 형용사인 혼성차용어의 예를 제시한다.

〈표 13〉 러시아어 파생모어 + 키르기스 접미사가 결합한 동사

키르기스어	러시아어
гипноздоо	гипнотизировать
консультациялоо	консультировать
авансылоо	авансировать
редакторлоо	редактировать
рецензиялоо	рецензировать
кодировкалоо	кодировать
анализдөө	анализировать

〈표 13〉에서 제시된 러시아어 동사들은 Тихонов(1985)의 Слово -образовательный словарь русского языка에 따르면, консульти-ровать, редактировать, анализировать와 같이 비파생어인 경우와 гипнот-изирова-ть, аванс-ирова-ть, реценз-ирова-ть, код-ирова-ть와 같이 명사인 파생모어에서 통사적 파생이 일어난 파생어인 경우로 나뉜다.6) 하지만 이에 대응하는 키르기스어에 나

---

6) Тихонов(1985)의 Словообразовательный словарь русского языка에 제시된 이 동사들의 조어사슬은 다음과 같다. Гипноз → гипнот-изирова-ть, консульти-

타난 러시아어 혼성 차용어는 모두 파생어로 명사인 파생모어에서 동사로 파생한 통사적 파생어이다. 이 파생어들은 각각 러시아어에서 차용된 파생모어 гипноз, консультация, аванс, редактор, рецензия, кодировка, анализ에 키르기스어 동사파생 접미사 -лоо가 결합한 통사적 파생어이다. 〈표 13〉의 키르기스어 동사들의 파생모어는 주 8에 제시한 러시아어 동사의 파생방향과는 다른 양상을 보인다. 예를 들어 키르기스어 동사 кодировкалоо는 파생모어가 код-가 아니라, 러시아어 동사 код-ирова-ть의 파생어인 коди-ров-к-а가 파생모어가 된다. 바로 이점이 러시아어 차용어에서 어떤 명사 파생모어에서 동사로의 통사적 파생이 일어나는지 예측하기 어려운 이유이다.

〈표 14〉 러시아어 파생모어 + 키르기스 접미사가 결합한 형용사

키르기스어	러시아어
автомобилдик	автомобильный
агрессивдик	агрессивный
академиялык	академический
медициналык	медицинский
ядролук	ядерный
моралсыз	аморальный

ровать → консульт-ация(j-а), аванс → аванс-ирова-ть, редактировать → редакт-ор, рецензия → реценз-ирова-ть, код → код-ирова-ть → кодиров-к-а, анализировать → анализ.

〈표 14〉에서 제시된 러시아어 형용사들은 Тихонов(1985)의 Слово-образовательный словарь русского языка에 따르면, 명사에서 형용사로 파생한 통사적 파생어들이다.7) 키르기스어에서도 가장 생산성 높은 형용사 접미사인 -лык이 명사 파생모어와 결합하여 형용사로 통사적 파생을 하고 있다. 마지막 예인 моралсыз에는 부재(不在)의 의미를 지니는 접미사 -сыз가 결합되어 있다. 여기서 주목할 만한 점은 키르기스어의 명사 파생모어 형태가 불규칙적이라는 것이다. автомобилдик, моралсыз에서는 파생모어의 마지막 자음이 연음에서 경음으로 변화한 반면에, академиялык, медициналык, ядролук에서는 파생모어가 академия, медицина, ядро로 러시아어 어간과 어미가 모두 포함된 상태에서 접미사가 결합되었다. 또한 агрессивдик을 살펴보면, 앞서 언급한 형용사들처럼 агрессиядик으로 통사적 파생이 일어나야 하지만, 실제로는 러시아어의 형용사화 접미사의 이형태인 -ивн-가 잘못된 형태소 분절이 되어 -ив-로 나타나고 있다. 이렇듯 키르기스어에서 러시아어 차용어의 통사적 파생은

---

7) Тихонов(1985)의 Словообразовательный словарь русского языка에 제시된 이 형용사들의 조어사슬은 다음과 같다. автомобиль → автомобиль-н-ый, агресс-ия(j-a) → агресс-ивн-ый, академ-ия(j-a) → академ-ическ-ий, медицин-а → медицин-ск-ий, ядр-о → ядер-н-ый, мораль →мораль-н-ый→ а-моральн-ый.

구조화시키고 예측하기도 어렵다.

5.2.3. 복합어 형성

러시아어 명사와 키르기스 동사가 결합하여 복합어를 형성하는 유형
도 분석 대상 자료에서 나타나고 있다. 대응하는 러시아어는 동사의 형
태이지만, 키르기스어에서는 러시아어 차용어+키르기스어 동사 жасоо
'하다'나 кылуу '하다'가 복합어를 형성한다.

〈표 15〉 러시아어 명사+키르기스 동사가 결합한 복합어

키르기스어	러시아어
конфлик жасоо	конфликтовать
рекомендация кылуу	рекомендировать
ремонт кылуу	ремонтировать
сот кылуу соттоо	судить
тормоз кылоо, тормоздоо	тормозить

〈표 15〉에서 키르기스어 сот кылуу 와 тормоз кылоо는 복합어
로 쓰일 뿐만 아니라 명사에서 접미사 '-лоо'를 결합한 동사인 통사적
파생어가 동의어로 사용되고 있다. 이는 키르기스어에서 동사가 파생될
때, 통사적 파생뿐만 아니라 복합어 형성도 생산적인 방법 중 하나라는
것을 시사한다.

지금까지 키르기스 표기체계의 역사적인 변화 양상과 이에 따른 키르

기스 고유의 음운, 문자체계의 변화에 대해 살펴보았다. 키르기스스탄은 정치, 사회적인 측면에서 국가와 민족정체성을 확립하고 지배국이었던 러시아에서 벗어나 자주성 회복을 해야 하는 동시에, 어려운 경제상황과 정치적인 혼란상황을 고려할 때 러시아로부터의 경제원조나 협력이 절실한 상황이다. 키르기스스탄의 러시아에 대한 이러한 이중적인 태도는 언어정책에도 고스란히 투영된다. 소비에트 해체 이후의 정자법 개정 방침은 키르기스 고유의 음운체계를 최대한 반영하는 것이었고, 그 결과 러시아어 기원의 외래어에서는 나오지만 키르기스 고유어휘에서는 찾아보기 힘든 음성은 키르기스어 교재에 소개되지 않았으며 외래어 표기도 가급적 키르기스 음운체계를 충실히 반영하는 것이었다. 그러나 최근의 정자법 개혁은 다시 러시아어 원어 표기에 충실한 외래어 표기로 회귀하는 것이어서 독립 초기시기에 언급되지 않았던 러시아어의 영향을 받은 음성들이 적극적으로 소개되고 문자 체계도 러시아어 문자를 최대한 사용하는 경향을 보인다.

그러나 일단 러시아어 알파벳을 모두 수용하고 몇몇 문자만 보강된 상태에서, 그리고 러시아어가 공식어라는 법적인 지위를 획득한 상황에서 키르기스어에 대한 러시아어의 강력한 영향을 피할 수 없다고 생각한다. 오히려 키르기스 고유의 언어체계를 보존하려는 명목으로 러시아어 특유의 문자나 음운구조를 애써 외면하며 언어를 기술하는 태도는 객관성과 체계성이 부족한 것으로 보인다. 이미 러시아어의 영향은 단

순히 외래어 유입현상과 같은 어휘 부분에서만 국한된 것이 아니라, 강세와 같은 초분절적 요소, 음성학, 정자법 등에서 나타나고 있다. Kosmarskaya(2014:14)에 따르면 키르기스인들은 자신의 모국어는 키르기스어라고 답변해 놓고 잠시 후에는 '러시아어로 생각한다', '러시아어를 하면서 자랐다'라는 이야기를 덧붙인다고 한다. 언어적 측면에서도 러시아어 알파벳이 거의 그대로 키르기스 문자체계로 받아들여진 상황에서 키르기스 음운, 문자체계에 러시아와 키르기스라는 이중적인 요소가 회피, 제거될 수 없으므로 현재로서는 두 언어체계의 공존상태를 최대한 객관적으로 기술하고 두 언어적 요소를 구분할 수 있는 특성을 분석하는 것이 최선이 될 것이다.

참고문헌

강휘원(2008), "키르기스스탄의 언어정책: 민족주의에서 다문화주의로", 행정논총 46권 2호. 77~97.

구자정(2012), "이식된 근대, 만들어진 민족, 강제된 독립 – 소비에트식 "민족창조"를 통해 본 중앙아시아 지역 유럽 근대성의 착종", 역사문화연구 44권. 169~230.

정경택(2007), "러시아어의 국제적 위상 변화: 크르그즈 공화국의 경우", 슬라브어 연구 12권. 15~27.

정희원(2004), "외래어의 개념과 범위", 새국어생활 14권. 5~22.

조남신(1997), 현대 노어학 개론. 범우사.

정희원(2004), "외래어의 개념과 범위"『새국어생활』. 14권 2호. 5~22.

Иванов Ю. А.(2012), Кыргызско-русский, русско-кыргызский словарь, 2-ое издане. Бишкек.

Мамытова Э.Дж.(2014), Кыргызский для начинающих. Бишкек.

Тихонов А. Н.(1985), Словообразовательный словарь русского языка. Москва.

Усөналиев С.(2010), Кыргыз тулинин справочниги. Турар, Бишкек.

Abylkasymova, Mairam(1997), Kyrgyz Language Manual. Peace Corps.

Bakytbek Tokubek uulu(2009), Learn the Kyrgyz Language. Bishkek.

Chotaeva, Cholpon(2004), Ethnicity, Language and Religion in Kyrgyzstan. Tohoku University.

Gouskova M.(2001), "Falling sonority onsets, loanwords, and Syllable Contact", CLS 37. 175~185.

Haspelmath M.(2008), "Loanword typology: Steps toward a systematic cross-linguistic study of lexical borrowability", Stolz T., Bakker D. & Salas R. (eds.), Aspects of language contact: New theoretical, methodological and empirical findings with special focus on Romanticisation processes. 43~62. Walter de Gruyter.

Haugen E.(1950), "The Analysis of Linguistic Borrowing", Language 26. 210~231.

Kara D.(2003), Kyrgyz. Lincom Europa.

Neef, Martin & Primus, Beatrice(2001), "Stumme Zeugen der Automomie-Eine Replik auf Ossner." Linguistische Berichte 187. 353~378.

Odagiri N.(2011), "Debates Concerning Elements of Russian Origin in the Kyrgyz Language", Unpublished.

Orusbaev, Abdykadyr(1980), Kirgizsko-russkie jazykovye svjazi Russkii jazyk v nacional'nyx respublikax sovetskogo sojuza. Moskva.

http://en.wikipedia.org/wiki/Kyrgyz_phonology(검색일: 2020.12.13.)
http://www.omniglot.com/writing/kirghiz.htm(검색일: 2020.12.13.)